もくじ

9 江戸時代 II

43	黒船の来航①	/40	44	黒船の来航②	/40
45	武士の時代のおわり①	/40	46	武士の時代のおわり②	/40

10 明治時代 I

47	明治維新①	/40	48	明治維新②	/40
49	富国強兵	/40	50	文明開化	/40
51	自由民権運動①	/40	52	自由民権運動②	/40
53	大日本帝国憲法と国会①	/40	54	大日本帝国憲法と国会②	/40

11 明治時代 II

55	日清戦争	/40	56	日露戦争	/40
57	条約改正への道①	/40	58	条約改正への道②	/40
59	近代工業の発達と公害	/40	60	近代文化の発展	/40
61	まとめ①	/40	62	まとめ②	/40

12 大正〜昭和時代とこれからの日本

63	大正時代を生きた人々	/40	64	不景気と人々のくらし	/40
65	満州事変①	/40	66	満州事変②	/40
67	日中戦争	/40	68	日中戦争から太平洋戦争へ	/40
69	太平洋戦争①	/40	70	太平洋戦争②	/40
71	戦争中の人々の生活①	/40	72	戦争中の人々の生活②	/40
73	原子爆弾と終戦	/40	74	太平洋戦争とアジア	/40
75	民主的な社会をめざして	/40	76	経済成長と公害	/40
77	平和と国際社会の中で①	/40	78	平和と国際社会の中で②	/40

13 世界の中の日本と国際協力

79	世界の国と日本①	/40	80	世界の国と日本②	/40
81	世界の国と日本③	/40	82	世界の国と日本④	/40
83	国際連合	/40	84	地球環境とSDGs	/40

1 わたしたちの生活と政治　日本国憲法①

月　日

点/40点

⚘ 日本国憲法(けんぽう)について、あとの問いに答えましょう。　　　（各4点）

(1) 次の(　　)にあてはまる言葉を書きましょう。

　　日本国憲法では、その前文において、「(①　　　　　)の手に

よって再び(②　　　　　)がおこらないようにする」と述べられ

ています。これからの国の政治の方針(ほうしん)を示しているのです。こ

れが「(③　　　　　)主義」です。その内容は(④　　　　　)をも

たない、武力を使わないということです。

> 平和　　戦争　　戦力　　政府

(2) 日本国憲法の3つの柱を書きましょう。

Ⓐ	主権(しゅけん)	Ⓑ	主義

Ⓒ	の尊重(そんちょう)

(3) 次のことがらは、(2)のⒶ、Ⓑ、Ⓒのどれと関係があります

か。記号で答えましょう。

① (　　　　)　国の交戦権を認(みと)めない

② (　　　　)　天皇(てんのう)は象徴(しょうちょう)である

③ (　　　　)　法の下の平等

1 次の(　　)にあてはまる言葉を □ から選んで書きましょう。

(各4点)

　この国の主権_{しゅけん}は(① 　　　　　)にあります。ですから、国の政治は、国民が(② 　　　　　)で選んだ(③ 　　　　　)によって(①)のために行われるべきです。このような政治を(④ 　　　　　)といいます。

> 民主政治　　国民　　代表者　　選挙

2 基本的人権の尊重_{そんちょう}について、(　　)にあてはまる言葉を □ から選んで書きましょう。

(各4点)

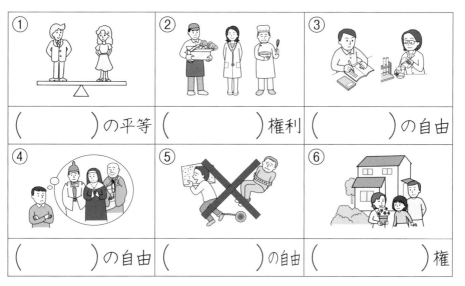

①	②	③
(　　　　　)の平等	(　　　　　)権利	(　　　　　)の自由
④	⑤	⑥
(　　　　　)の自由	(　　　　　)の自由	(　　　　　)権

> 生存_{せいぞん}　　生命・身体　　男女　　信教　　学問　　働く

✿　次の図は、国会について書かれています。あとの問いに答えましょう。

(各5点)

(1) ①～⑤にあてはまる言葉や数字を書きましょう。

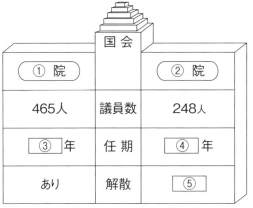

構成		
① 院		② 院
465人	議員数	248人
③ 年	任 期	④ 年
あり	解散	⑤

国会の構成

①	
②	
③	
④	
⑤	

参議	衆議（しゅうぎ）	4	6	なし	あり

(2) 次の（　）にあてはまる言葉を書きましょう。

国会の主な仕事は、国の（①　　　　）をつくることです。これを（②　　　　）といいます。また、国の（③　　　　）を決めることも大事な仕事です。

予算	立法	法律（ほうりつ）

❀　内閣_{ないかく}について、（　　）にあてはまる言葉を書きましょう。(各5点)

(1)　内閣の主な仕事は、国会が決めた（① 　　　　　）や

（② 　　　　　）をもとに実際に政治を行うことです。これを

（③ 　　　　　）といいます。また、内閣は（④ 政府 ）ともよば

れています。

> 行政　　法律_{ほうりつ}　　予算

(2)　国の行政機関である内閣には、それぞれの仕事をする省

や庁_{ちょう}が置かれています。（① 　　　　　　　　）は、内閣の最

高責任者で、（② 　　　　　）で指名されます。

（①）は、各省や庁などの長である（③ 　　　　　　）を任命

して内閣をつくります。

> 内閣総理大臣　　　国会　　　国務大臣

(3)　次の仕事は、何省の担当_{たんとう}ですか。

①　国の財政（お金）の仕事をする。　　　　　（　　　　　）省

②　国際関係や外交の仕事をする。　　　　　（　　　　　）省

③　教育や科学技術の仕事をする。　　　　　（ 文部科学 ）省

> 外務　　　財務

5 わたしたちの生活と政治　裁判所

月　日

点/40点

❀ 裁判所の仕事について、あとの問いに答えましょう。

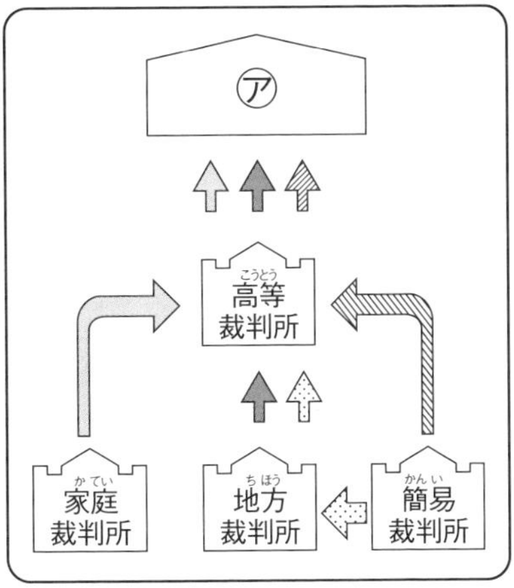

(1) ㋐にあてはまる裁判所を何といいますか。（10点）

（　　　　　　）

(2) 次の（　　）にあてはまる言葉を書きましょう。（各6点）

裁判所は（①　　　　）や法律に基づいて、争いごとを解決したり、罪のある、なしを決めたりします。これを（②　　　　）といいます。裁判所の判決に納得できないときは、さらに上級の裁判所にうったえることができます。このしくみを（③　　　　）といいます。また、（④　　　　）が決めた法律や、（⑤　　　　）がおこなう政治が（①）に違反していないかも判断します。

三審制	国会	憲法
内閣	最高裁判所	司法

✿　次の図は、国の政治をおこなう３つの機関の関係を表しています。あとの問いに答えましょう。

(各5点)

(1)　図の㋐〜㋒は、司法、行政、立法のどれですか。

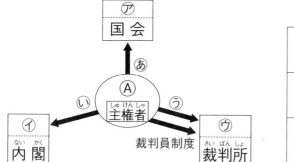

㋐	
㋑	
㋒	

(2)　(1)のように３つの機関で政治を進める役割を分担することを何といいますか。

(　　　　　　　　)

(3)　Ⓐとあ〜うにあてはまる言葉を書きましょう。

Ⓐ	

あ		い		う	

国民審査　　選挙　　世論（よろん）　　国民

1 次の（　　）にあてはまる言葉を ▢ から選んで書きましょう。

（各5点）

地域の政治を住民 自^{みずか} ら行うことを（①　　　　　　　　　）といいます。この目的は（②　　　　　　　　　　）を実現することにあります。そのために住民は地方自治体の（③　　　　）や（④　　　　）を直接（⑤　　　　　）によって選ぶことができます。

> 選挙　　住民の願い　　地方自治　　長^{ちょう}　　議員

2 次の図は、市民の願いが実現するまでの流れを表しています。図の ▢ にあてはまる言葉を ▢ から選んで書きましょう。

（各5点）

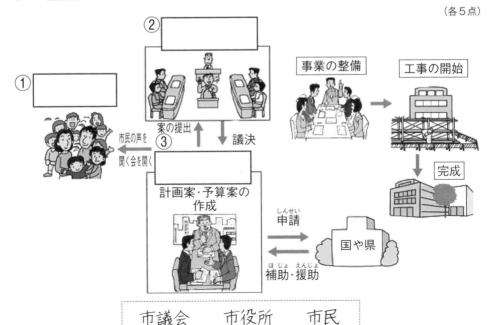

> 市議会　　市役所　　市民

8 わたしたちの生活と政治　自然災害からの復興

❀　次の図を見て、災害が起きたときの取り組みについて、あとの問いに答えましょう。

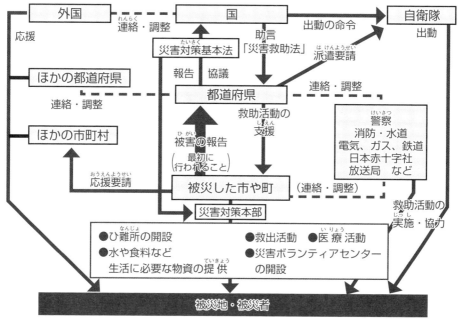

(1) 被災した市町村には、「災害対策基本法」にもとづいて何が設置されますか。 (10点)

(　　　　　　　　　　) 本部

(2) (1)は、どんなことをしますか。 (各6点)

① (　　　　　) の報告　　　② (　　　　　　　　) の開設

③ 水や (　　　　　) などの提供　　④ (　　　　　) ・医療活動

⑤ 災害 (　　　　　　　　　　　　　　) の開設

9 縄文時代

月　日

点/40点

[1] 次の絵は、縄文（じょうもん）時代のくらしを表しています。あとの問いに答えましょう。

（各５点）

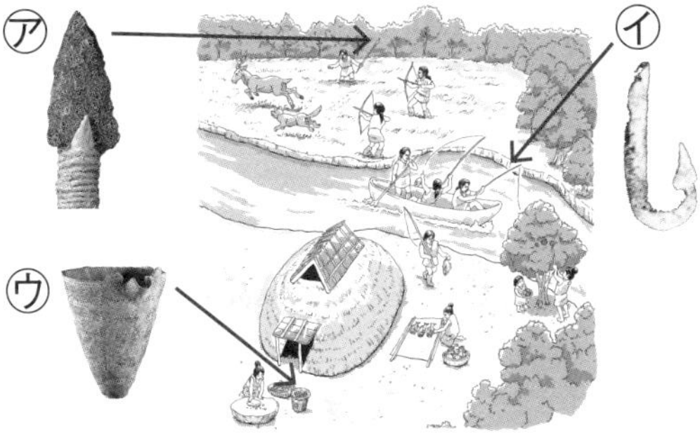

つりばり
縄文
矢じり

(1) 絵の㋐～㋒の道具の名前を書きましょう。

㋐		㋑		㋒	土器

(2) 次の（　　）にあてはまる言葉を、[　　]から選んで書きましょう。

大昔の人々は、（①　　　　）や魚をとったり、（②　　　　）などを採集したりして、（③　　　　）住居に住んでいました。

たて穴（あな）	けもの	木の実

[2] 右の写真は、この時代後半の日本最大の遺跡（いせき）です。名前を書きましょう。

（10点）

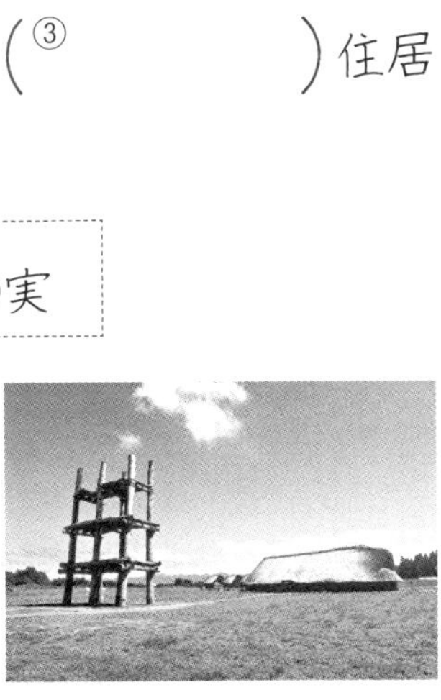

（　　　　　　　　）遺跡

✿　次の絵は、弥生時代に中国大陸から伝わった米づくりのようすを表しています。あとの問いに答えましょう。

(各10点)

(1)　図中のⒶは、稲かりのときに使われた道具です。次のうち、あてはまるものに○をつけましょう。

㋐　（　　　）田げた
㋑　（　　　）石ぼうちょう
㋒　（　　　）くわ

(2)　図中のⒷ、Ⓒについて、（　　　）にあてはまる言葉を□□□□から選んで書きましょう。

かりとった米を、Ⓑのような
（①　　　　　）土器に入れて、Ⓒのような
（②　　　　　）倉庫で保存しました。このようにして、同じ場所に（③　　　　　）するようになりました。

> 定住　　弥生　　高床

11 弥生〜古墳(こふん)時代　国の統一へ①

月　日
点/40点

[1] 次の絵を見て、あとの問いに答えましょう。

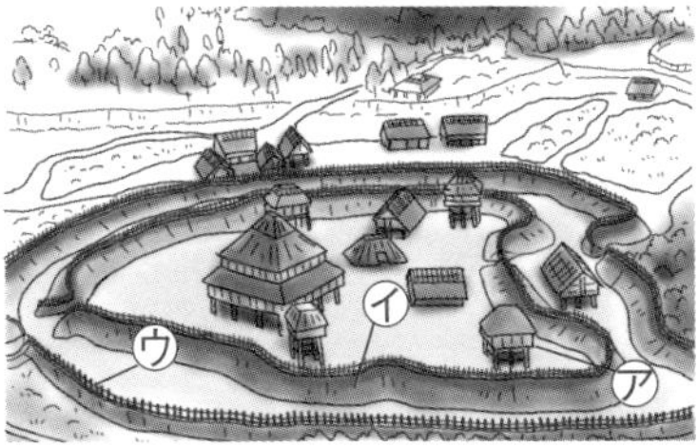

(1) 右の絵は佐賀県にある遺跡(いせき)です。名前を書きましょう。(10点)

(　　　　　　)遺跡

(2) 図のア〜ウは、自分のむらを守るために作られたものです。それぞれ名前を書きましょう。(各5点)

ア(　　　　　)　イ(　ほり　)　ウ(　　　　　)

物見やぐら　吉野ヶ里(よしのがり)　さく

[2] 次の絵は、30ほどのくにを従(したが)えていた女王です。あとの問いに答えましょう。

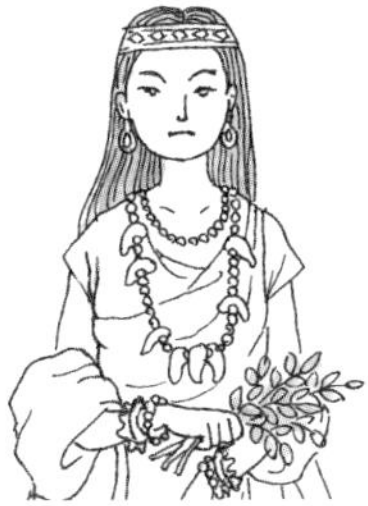

(1) どこのくにの、何という女王ですか。(各5点)

(①　　　　　)の女王(②　　　　　)

(2) 女王は、何によって政治を行いましたか。(10点)

(　　　　　　)

うらない　邪馬台国(やまたいこく)　卑弥呼(ひみこ)

✿　次の絵は、大阪府にある日本一大きな古墳です。あとの問い
に答えましょう。((1)〜(4)は□□□から選びましょう。)

(1)　古墳とは、何ですか。　（6点）

　　豪族や（　　　　　　　　）のお墓

(2)　この古墳の名前と、この形
の名前を書きましょう。　（各6点）

　　①（　　　　　　　　）古墳

　　②（　　　　　　　　　　　）

(3)　大和・河内地方で(1)の人たちが中心となってつくった国を
　　（奈良県）（大阪府）
何といいますか。
　　　　　　　　　　　　　　　　　　　　　　　　　　　　（6点）

　　　　　　　　　　　　　　（　　　　　　　　　）

(4)　このころ、中国や朝鮮半島から日本に移り住んだ人々を何
とよんでいますか。
　　　　　　　　　　　　　　　　　　　　　　　　　　　　（6点）

　　　　　　　　　　　　　　（　　　　　　　　　）

┌─────────────────────────────────────┐
│　大和朝廷　　　王　　　大仙　　　渡来人　　　前方後円墳　│
└─────────────────────────────────────┘

(5)　(4)の人たちが伝えたもの2つに○をつけましょう。　（各5点）

　　①（　　）鉄砲　　　②（　　）土木・建築

　　③（　　）漢字　　　④（　　）カステラ

聖徳太子について、あとの問いに答えましょう。　　（各10点）

聖徳太子

(1) だれを中心とする政治を進めようとしましたか。

（　　　　　　）

(2)

第1条　和をたいせつにし、争いをやめよ
第2条　仏教をあつくうやまえ
第3条　天皇の命令には従え
：
第17条　必ず話し合いで決める

これは、役人の心得を示すものです。何ですか。

（　　　　　　）

(3) 家がらではなく、能力に応じて役人に取り立てる制度を何といいますか。

（　　　　　　）

(4) 聖徳太子が建てた世界最古の木造建築物は、何ですか。

（　　　　　　）

冠位十二階	十七条の憲法	法隆寺	天皇

✿　次の(　　)にあてはまる言葉を書きましょう。　　　　(各5点)

(1)　聖徳太子がなくなると、蘇我氏の力が天皇をしのぐほど大きくなりました。そこで(①　　　　　　　　)と(②　　　　　　　　)は、645年に蘇我氏をほろぼしました。そして天皇中心の政治を行うために、(③　　　　　　)の進んだ政治のしくみを取り入れ、改革を始めました。この改革を(④　　　　　　　)といいます。

> 中国　　中大兄皇子　　中臣鎌足　　大化の改新

(2)　税のしくみも変わりました。土地や人々は(①　　　　　)のものとなり、農民が納める税の制度も統一されました。収穫した稲の3%を納める(②　　　　　)、都で働くか、それにかわる布を納める(③　　　　　)、地方の特産物を納める(④　　　　　)がありました。

> 租　　庸　　調　　国

租	稲の収穫高の約3%を納める。

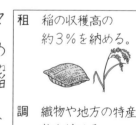

調	織物や地方の特産物を納める。

庸	年間に10日都で働くか、布を納める。

1　次の写真を見て、（　　）にあてはまる言葉を ┆┄┄┆ から選ん
で書きましょう。

（各8点）

710年に飛鳥地方の藤原京から、奈
良に都が移されました。この都を
（① 　　　　　　　　）といい、中国の
（② 　　　　　　）の都をモデルにして造ら
れました。

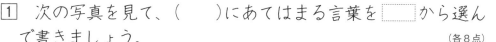

┄┄┄┄┄┄┄┄┄┄┄┄┄┄┄┄┄┄┄┄┄┄┄┄
唐（とう）　平城京（へいじょうきょう）
┄┄┄┄┄┄┄┄┄┄┄┄┄┄┄┄┄┄┄┄┄┄┄┄

2　次の写真を見て、あとの問いに答えましょう。

（各8点）

(1)　大仏をつくった天皇（てんのう）は、だれですか。

（　　　　　　　）天皇

(2)　(1)が、仏教の力で乱（みだ）れていた世の
中を治めるために建てた寺は、何で
すか。　　　　　（　　　　　　　　）

(3)　(1)は、(2)を総本山とする寺を全国
に建てさせました。何という寺です
か。

（　　　　　　　　）

┄┄┄┄┄┄┄┄┄┄┄┄┄┄┄┄┄┄┄┄┄┄┄┄┄┄┄┄
国分寺（こくぶんじ）　東大寺　聖武（しょうむ）
┄┄┄┄┄┄┄┄┄┄┄┄┄┄┄┄┄┄┄┄┄┄┄┄┄┄┄┄

16 飛鳥・奈良時代　奈良の都②

月　日

点/40点

[1] 次の文で、遣隋使（けんずいし）に関するものにはⒶを、遣唐使（けんとうし）に関するものにはⒷを書きましょう。（各4点）

① (　　) 中国の隋（ずい）に使節を送った。

② (　　) 中国の唐（とう）に使節を送った。

③ (　　) 使節が持ち帰った外国の品物が東大寺にある正倉院（しょうそういん）に残されている。

④ (　　) 小野妹子（おののいもこ）を使者として送った。

遣隋使や遣唐使をのせた船

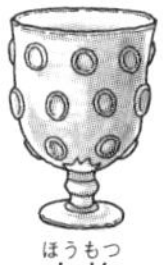

宝物（ほうもつ）

[2] 次の(　　)にあてはまる言葉を書きましょう。（各8点）

(1) ㋐ (　　　　)………大仏づくりのために全国の農民によびかけた僧（そう）。

㋑ (　　　　)………仏教の制度を伝えるために、中国（唐）から招いた僧。

(2) ㋑の僧が開いた寺の名前を書きましょう。

(　　　　　)

行基（ぎょうき）
鑑真（がんじん）
唐招提寺（とうしょうだいじ）

行基

鑑真

1 次の(　)にあてはまる言葉を書きましょう。　　　　　(各6点)

794年に、都が(① 　　　　　　)から(② 　　　　　　)に移りました。朝廷では、天皇にかわって(③ 　　　　　　)が、政治を進めました。中でも(④ 　　　　　　)氏が大きな力をふるいました。③は、絵のような(⑤ 　　　　　　)のやしきに住んでいました。

> 平安京　　平城京　　藤原
> 寝殿造　　貴族

2 次の絵は、貴族の中でも特に力をつけた人物です。あとの問いに答えましょう。　　　　　(各5点)

> この世をば　わが世とぞ思う　望月の
> かけたることも　なしと思えば

(1) 人物名を書きましょう。

(　　　　　　)

(2) (1)がうたった和歌の意味として正しい方に○をつけましょう。

① (　　) この世は、あの満月のようにいつまでも明るい。

② (　　) 満月には欠けたところがないように、世の中で私の思い通りにならないことは何もない。

1　藤原道長は、この貴族の時代に最も権力をもっていました。どのようにして権力をもつようになったのか、正しい文１つに〇をつけましょう。 (10点)

① (　　)　天皇に土地や財宝などをたくさん寄付した。

② (　　)　娘を天皇の妻とし、その子どもを天皇の座につけた。

③ (　　)　強い武力で天皇をおどしていた。

2　貴族の生活について正しいものには〇を、まちがっているものには×をつけましょう。 (各6点)

① (　　)　貴族は寝殿造のやしきに住み、ぜいたくなくらしをしていた。

② (　　)　貴族の仕事は、宮中の儀式をしたり、年中行事を行うことだった。

③ (　　)　貴族は農民といっしょに田畑で働いていた。

④ (　　)　貴族の生活から日本風の文化が発達した。

⑤ (　　)　貴族の遊びは能や狂言をすることだった。

19 平安時代　日本風文化の発達

月　日

点/40点

❀　平安時代には、日本独自の文字が生まれました。あとの問い
に答えましょう。

(1)　漢字をもとにしてできた文字を何といいますか。　(各6点)

(① 　　　　　　　)	(② 　　　　　　　)
於 江 宇 伊 阿 ↓ ↓ ↓ ↓ ↓ オ エ ウ イ ア 　　　　　　↓ 　　　　　　ア	与 天 曽 宇 以 安 ↓ ↓ ↓ ↓ ↓ ↓ ら そ を う 以 安 あ あ 　 く ろ そ 以 ほ あ よ て そ う い あ

(2)　女性が主に使っていた文字は、どちらですか。　(4点)

(　　　　　　　)

(3)　次の文にあてはまる作品名と人物を書きましょう。　(各6点)

①　宮廷の生活や自然の変化を生き生きと表現した作品。

②　光源氏という貴族を主人公にして、貴族のくらしや心の
動きをえがいた作品。

	作品名	作者
①		
②		

源氏物語　　枕草子　　紫式部　　清少納言

❀　次の文を読み、あとの問いに答えましょう。

（各8点）

平安時代後期になると、㋐自分の土地を守るために武装（ぶそう）したり、武芸を専門（せんもん）にする人たちが出てきました。

(1)　㋐のような人たちは何とよばれていますか。

（　　　　　　）

(2)　㋐の中で、特に力をもったのは、「平氏」と何氏ですか。

（　　　　　　）

(3)　武士としてはじめて政治をおこなったのはだれですか。

（　　　　　　）

(4)　(3)の一族に対して、兵をあげたのは、だれですか。

（　　　　　　）

(5)　(4)の弟で壇ノ浦（だんのうら）の戦いで、(3)の一族をほろぼしたのは、だれですか。

（　　　　　　）

1　次の文で、正しい方に○をつけましょう。　　　　　　　（各4点）

(1)　平氏をほろぼした①（　源 頼朝・藤原道長　）は、朝廷から
②（ 貴族・征夷大将軍 ）に任命され、③（ 京都・鎌倉 ）に幕府を開きました。

(2)　支配を地方にも広げるために、各地に軍事や警察の仕事をする①（ 守護・大名 ）と、税（ねんぐ）を取り立てる②（ 代官・地頭 ）を置きました。

2　図を見て、（　　）にあてはまる言葉を書きましょう。

（各5点）

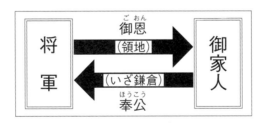

　　鎌倉幕府を開いた将軍頼朝は、御家人がもつ領地の支配を認め、手がらを立てた者には新しく領地をあたえました。これを（①　　　　　）といいます。一方、（②　　　　　）は、戦いが起これば、「いざ鎌倉」と、（③　　　　　）のもとにかけつけ命がけで戦いました。これを（④　　　　　）といいます。

月　日

点/40点

1　次の表を見て、（　　）にあてはまる言葉を書きましょう。(各5点)

年	主なできごと
1167	（① 　　　　　）が武士として初めて政治を行う
1180	（② 　　　　　）が伊豆で兵をあげる
1185	（③ 　　　　　）が壇ノ浦で平氏をほろぼす
1192	源頼朝が（④ 　　　　　　　　　）となる

みなもとのよりとも　　　　　みなもとのよしつね　　　　たいらのきよもり　　　　せいいたいしょうぐん
源 頼朝　　　　　源 義経　　　　平 清盛　　　　征夷大 将軍

2　頼朝が鎌倉に幕府を開いた理由として、正しい方に○をつけましょう。 (4点)

①（　　）　歴史があり、人口も多く大きな町だったから。

②（　　）　山と海に囲まれ、せめこまれにくい地形だったから。

3　次の図の（　　）にあてはまる言葉を書きましょう。 (各4点)

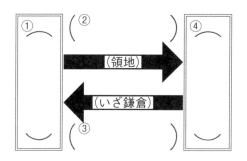

ごけにん　　　しょうぐん
御家人　　　将軍
ごおん　　　ほうこう
御恩　　　奉公

1　図を見て、あとの問いに答えましょう。　　　　　　(各10点)

(1)　モンゴルが中国に建てた国を何といいますか。

（　　　　　　　　　）

(2)　(1)の国が、日本にせめてきたときの執権(しっけん)はだれですか。

（　　　　　　　　　）

(3)　このとき幕府(ばくふ)の命令で戦ったのは、何という人たちですか。

（　　　　　　　　　）

御家人(ごけにん)　　北条時宗(ほうじょうときむね)　　元(げん)

2　次の文で、正しい方に○をつけましょう。　　　　　　(各5点)

(1)　元軍の新しい武器や戦術はどちらですか。

① （　　　）　集団戦法で火薬を用いた武器を使った。

② （　　　）　武器として刀やなぎなたを使った。

(2)　幕府軍は元軍に対してどのように戦いましたか。

① （　　　）　海岸線沿いに落とし穴(あな)をほって防いだ。

② （　　　）　海岸線沿いに石るいや土るいを築いて防いだ。

🌸　次の絵は、元軍との戦いを表しています。あとの問いに答え
ましょう。

(1)　日本はどこの国と戦い
ましたか。　　　　（10点）

（　　　　　　　　）

(2)　このとき、幕府の執権
は、だれですか。　（10点）

（　　　　　　　　）

(3)　日本の武士の戦い方と、元軍の戦い方について、あうものを
記号で答えましょう。　　　　　　　　　　　　　　（各2点）

Ⓐ　日本の武士…（　　　　　）（　　　　　）

Ⓑ　元軍　　…（　　　　）（　　　　　）（　　　　　）

> ㋐　毒矢　　　㋑　弓矢　　㋒　集団戦法
> ㋓　てつはう　㋔　馬

(4)　次の文で、正しい方に○をつけましょう。　　　　　（10点）
①（　　）　この戦いで、御恩と奉公の関係がさらに強くなっ
た。
②（　　）　命がけで戦っても、御恩として領地をもらえなく
て、御家人の不満が高まった。

1　次の表を見て、（　　）にあてはまる言葉を書きましょう。(各5点)

年	主なできごと
1338	足利尊氏（あしかがたかうじ）が征夷大将軍（せいいたいしょうぐん）になり、京都に幕府（ばくふ）を開く （①　　　　　　）幕府
1397	3代将軍（②　　　　　　　）が北山に金閣（きんかく）を建てる
1467	（③　　　　　　　）が起こる
1489	8代将軍（④　　　　　　　）が東山に銀閣（ぎんかく）を建てる
	戦国時代に向かっていく

```
足利義満（あしかがよしみつ）　室町（むろまち）　足利義政（あしかがよしまさ）　応仁の乱（おうにんのらん）
```

2　次の文で、正しい方に○をつけましょう。　　　　　(各5点)

室町幕府は財政を安定させるために①（　唐（とう）・明（みん）　）と貿易を
はじめました。貿易をはじめた将軍
は、足利②（　義満・義政　）でした。
相手の国からは③（　銅銭（どうせん）・刀　）を
輸入していました。

また、この時代に生まれた日本風の建物を④（　寝殿造（しんでんづくり）・書院造　）
といい、現在の和室のもとになっています。

✿ 金閣、銀閣について、空らんにあてはまる言葉を書きましょう。つくり方と特ちょうは、記号で答えましょう。 (各5点)

Ⓐ Ⓑ

書院造 →

	建物	建てた人	代	つくり方	特ちょう
Ⓐ			3代		
Ⓑ					エ

金閣　銀閣　8代　足利義政　足利義満

ⓐ 寝殿造と武家造　　　ⓘ 書院造
ⓒ 豪華（金ぱく）　　　ⓔ 落ち着きがある（質素）

1　次の図は銀閣のとなりの東求堂の中を表しています。あとの
　問いに答えましょう。((1)と(3)は□□□から選びましょう。)　（各5点）

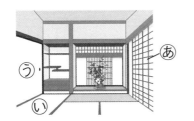

(1)　この部屋のつくりは、現在の和
　　室のもととなりました。何といい
　　ますか。

（　　　　　　　　　　　）

(2)　図中の㋐〜㋒の名前を書きましょう。

㋐（しょうじ）　㋑（　　　　　）　㋒（　　　　　）

(3)　(2)・㋒には、右のようなすみだけを使った
　　絵がえがかれました。㋐その名前と㋑かいた人
　　を書きましょう。

㋐（　　　　　　　）　㋑（　　　　　　）

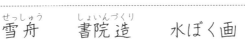

> 雪舟（せっしゅう）　書院造（しょいんづくり）　水ぼく画

2　次の文で、正しい方に○をつけましょう。　（各5点）

①　観阿弥（かんあみ）・世阿弥（ぜあみ）によって（　茶の湯・能　）が大成された。

②　水ぼく画は（　中国・モンゴル　）から伝わった。

③　石庭は（　石や砂（すな）・木や水　）を用いてつくられた。

28 室町時代　今に残る室町文化②

月　日

点/40点

[1] ㋐～㋓は室町時代に発展(はってん)しました。何を表していますか。（各5点）

㋐（　　　　　）

㋑（　　　　　）

㋒（　　　　　）

㋓（　　　　　）

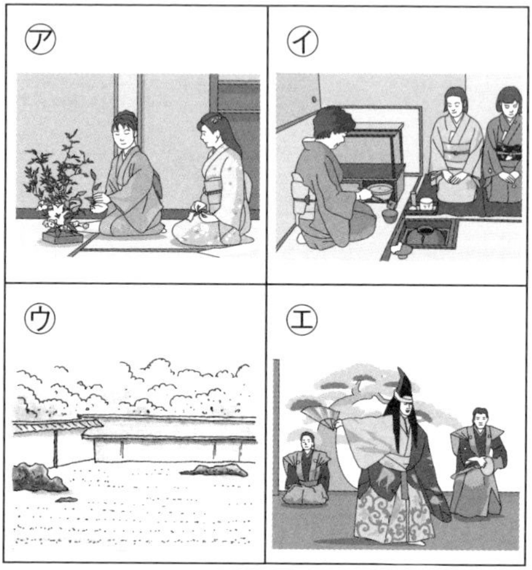

生け花　　石庭
能　　茶の湯

[2] 次の（　　）にあてはまる言葉を書きましょう。（各5点）

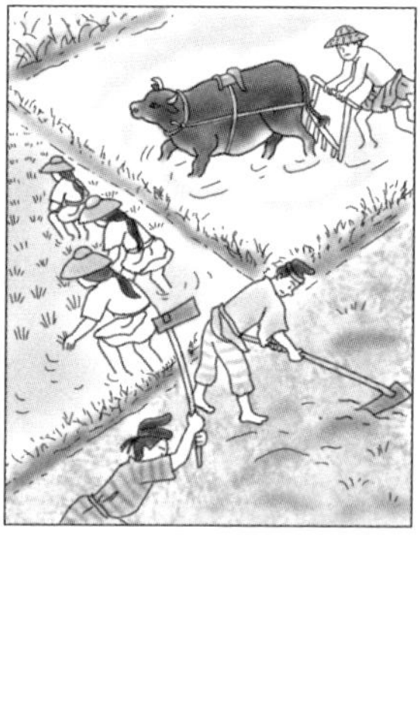

農業では、田を耕すのに（①　　　　）や馬を使ったり、鉄製の（②　　　　）を使ったりしました。

また、草や灰(はい)を（③　　　　）とするなど、収穫(しゅうかく)を増やすくふうをしました。稲(いね)をかり取ったあとに麦などをつくる（④　　　　）も、さかんに行われました。

二毛作　　牛　　肥料　　くわ

❀ 次の( )にあてはまる言葉を書きましょう。 (各5点)

(1) 尾張の小さな大名だった(①) は、

桶狭間の戦いで(②) を破ったあと、

次々に他の大名を従え、いちはやく京都に

のぼり、(③) をほろぼしました。信長の戦い方は

たくみで、大量の(④) を使い相手を圧倒しました。

```
てっぽう        お だ のぶなが      いまがわよしもと      むろまちばく ふ
 鉄砲          織田信長        今川義元          室町幕府
```

安土城

(2) 信長は、商業の中心地であり、

鉄砲の生産地でもある(①)

を支配しました。また琵琶湖のほ

とりの(②) に城を築き、

城下町では(③) といって、自由に商工業をさせた

ので、経済的に豊かでした。しかし、天下統一を目前にして京

都の(④) で家来の明智光秀にせめられ、自ら命を

絶ちました。

```
あづち       ほんのう じ      さかい      らくいちらく ざ
 安土        本能寺         堺        楽市楽座
```

次の（　　　）にあてはまる言葉を書きましょう。　　　　　（各5点）

(1)　（① 　　　　　）は、（② 　　　　　）の後、
明智光秀（あけちみつひで）をたおし、（③ 　　　　　）を根拠地（こんきょち）に、
わずか8年で、天下統一を成しとげました。

> 大阪城　　本能寺の変　　豊臣秀吉（とよとみひでよし）

(2)　百姓（ひゃくしょう）への支配を強めるために、田畑の広さや、
耕作者を調べる（① 　　　　　）を行いました。また、
百姓が持っている刀や鉄砲（てっぽう）を取りあげる
（② 　　　　　）もおこない、（③ 　　　　　）のちがい
をはっきりさせました。

> 刀狩（かたながり）　　身分　　検地

(3)　天下統一を果たすと、次は、（① 　　　　　）
に出兵しました。しかし、①の人々のねばり
強い抵抗（ていこう）で、失敗に終わり、（② 　　　　　）
のおとろえにもつながりました。

> 豊臣氏　　朝鮮（ちょうせん）

1　次の（　　）にあてはまる言葉を書きましょう。　　　　（各5点）

秀吉（ひでよし）の死後、天下をにぎったのは（① 　　　　　　　　 ）でした。
信長（のぶなが）、秀吉のもとで実力をたくわえ、1600年、天下分け目の戦いといわれた（② 　　　　　　　 ）の戦いで、石田三成（いしだみつなり）を破りました。

1603年には（③ 　　　　　　　　 ）となり、
（④ 　　　　　　　 ）に幕府（ばくふ）を開きました。1615年には
（⑤ 　　　　　　　 ）をほろぼし、さまざまな政策（せいさく）を
用いて、全国の大名を支配し、その後260年以上
続いた江戸時代の土台を築きました。

> 豊臣氏（とよとみし）　　関ヶ原（せきがはら）　　江戸（えど）　　征夷大将軍（せいいたいしょうぐん）　　徳川家康（とくがわいえやす）

2　次の図に関係する人物を（　　）に書きましょう。　　　　（各5点）

①

（　　　　　　　　）

② 関ヶ原
（岐阜県）

（　　　　　　　　）

③

フランシスコ・ザビエル

（　　　　　　　　）

> 織田信長（おだのぶなが）　　豊臣秀吉　　徳川家康

32 安土・桃山時代　天下統一　三人のまとめ

月　日

点/40点

次の人物と関係のあることがらを線で結びましょう。（各5点）

① 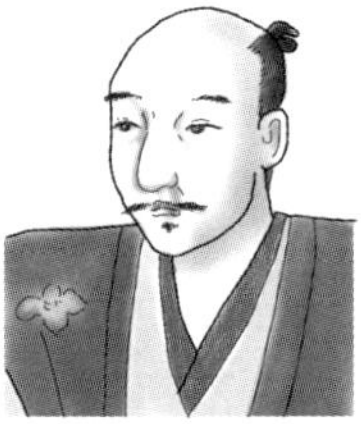

織田信長

② 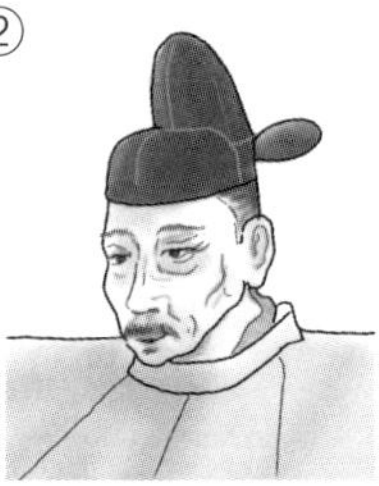

豊臣秀吉

③ 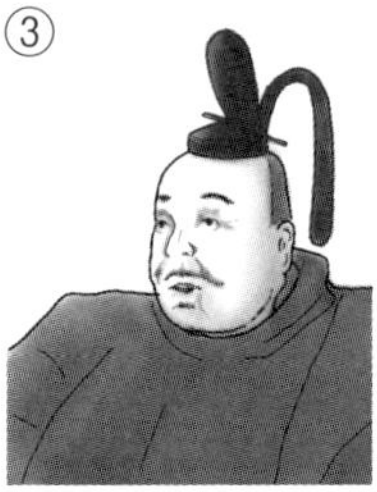

徳川家康

㋐ 安土城を築く

㋑ 大阪城を築く

㋒ 江戸に幕府を開く

㋓ 楽市楽座

㋔ 検地

㋕ 関ヶ原の戦いに勝つ

㋖ 本能寺の変

㋗ 刀狩

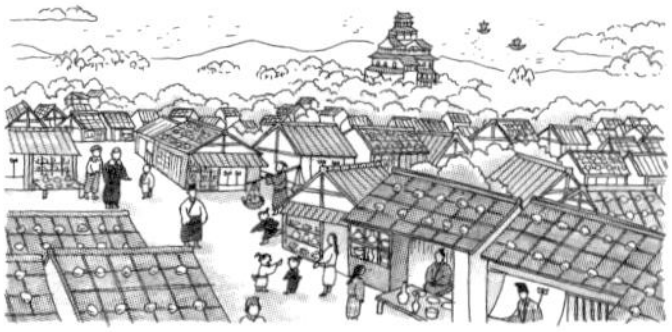

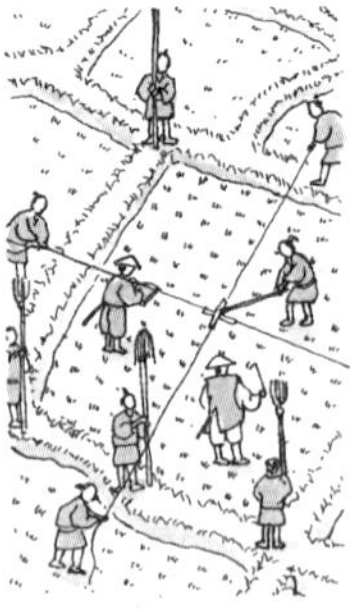

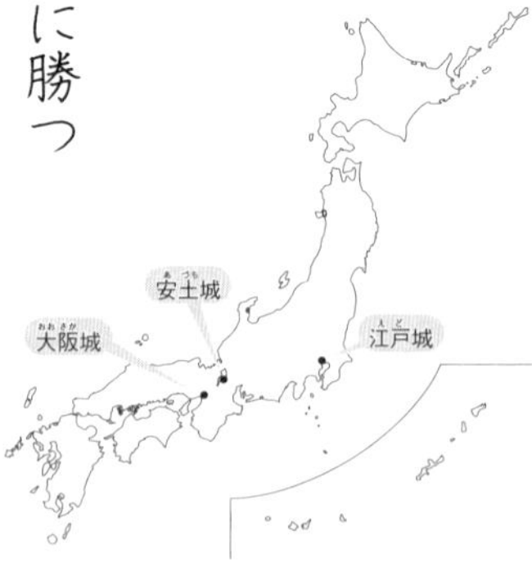

33 江戸時代Ⅰ　徳川家康と幕府

月　日

点/40点

❀ 図を見て、あとの問いに答えましょう。 （各５点）

(1) 徳川家康は、どこに、幕府を開きましたか。

(　　　　　)

(2) 大名を厳しく支配するためにつくったきまりは何ですか。

(　　　　　)

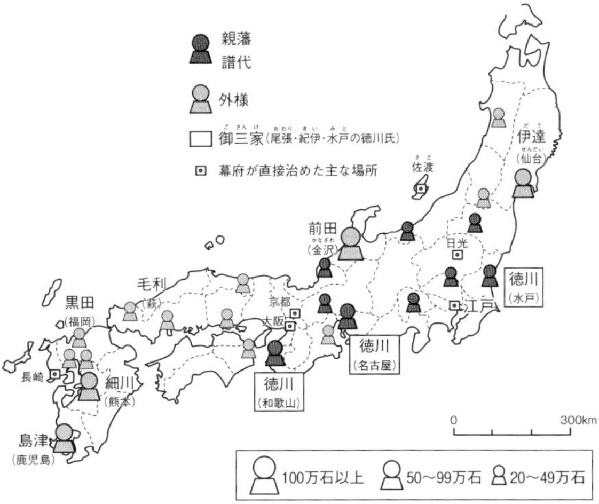

(3) 大名の配置について、(　　)にあてはまる言葉を書きましょう。

㋐ (① 　　　　)………徳川家の親せき

㋑ (② 　　　　)大名…古くからの家来

⇒ ・全国の要地
・江戸に
(④ 　　　　)

㋒ (③ 　　　　)大名…(⑤ 　　　　　　)の後に家来 ⇒江戸から
(⑥ 　　　　)

外様　親藩　譜代　武家諸法度　江戸
関ヶ原の戦い　遠い地　近い地

34 江戸時代Ⅰ　徳川家光の政治

月　日

点/40点

✿ 次の絵や資料について、あとの問いに答えましょう。（各10点）

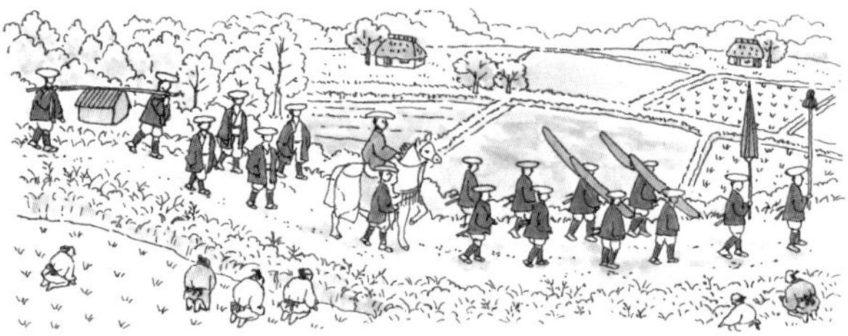

〈武家諸法度（ぶけしょはっと）〉

㋐ ●大名は、江戸（えど）に参勤（さんきん）すること。

㋑ ○城（しろ）を修理する場合は、とどけ出ること。

㋒ ○大名は、かってに結婚（けっこん）してはならない。

㋓ ●大きな船をつくってはならない。

(1) 上の絵は、資料の㋐～㋓のどれを表していますか。

（　　　）

(2) 資料の●は、だれがつけ加えた制度ですか。

（　　　）

(3) 武家諸法度について、正しい文２つに○をつけましょう。

①（　　）江戸城の建設や川の堤防（ていぼう）工事なども大名に手伝わせ、大名の負担（ふたん）を大きくした。

②（　　）守らなければならないきまりは多かったが、大名たちは住まいや結婚は自由にすることができ、不自由していなかった。

③（　　）㋐の制度に多くの費用を使わせ、大名に力をつけさせないようにした。

35 江戸時代Ⅰ　身分制度①

月　日

点/40点

次の円グラフは江戸(えど)時代の身分の人口の割合(わりあい)を表しています。㋐〜㋒には身分を、(　　)にはあてはまる言葉を書きましょう。

(各5点)

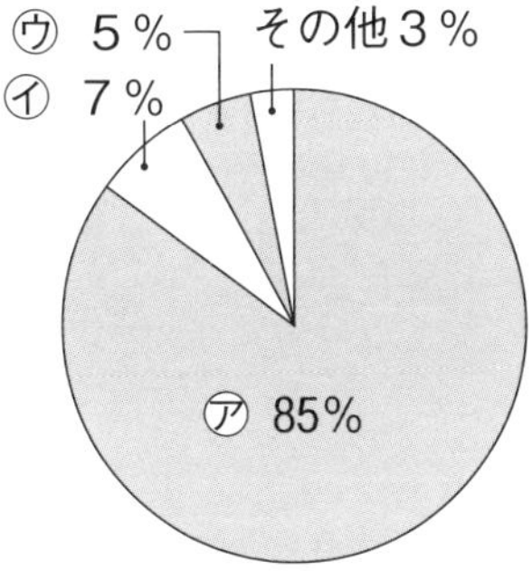

㋐ ＿＿＿＿

(① 　　　　)などに住み、農産物をつくり、(② 　　　　)を納(おさ)め、㋑の生活を支えていました。

㋑ ＿＿＿＿

政治を行い、(③ 　　　　)を名のったり、(④ 　　　　)をさすなどの特権(とっけん)がありました。

㋒ ＿＿＿＿

城下町など町に住み、町を整備するための費用を負担(ふたん)し、㋑の生活を支えていました。

- 職　　人　…生活に必要な道具などをつくる人。
- (⑤ 　　　　)…商売をする人。

武士　町人　百姓(ひゃくしょう)

刀　商人　農村　名字(みょうじ)　ねんぐ

36 江戸時代Ⅰ　身分制度②

月　日

点/40点

✿ 次の円グラフを見て、あとの問いに答えましょう。

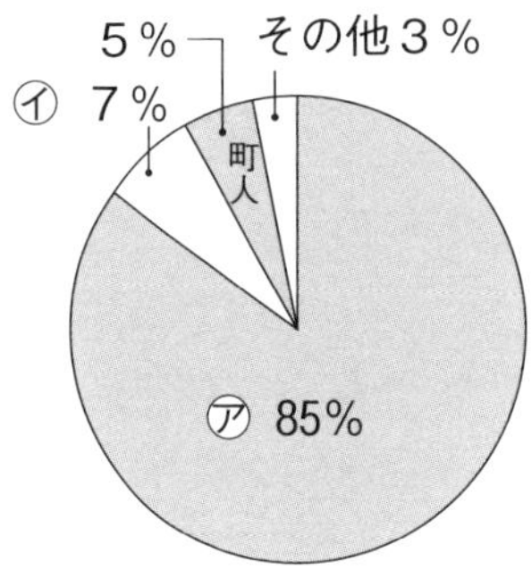

(1) グラフの㋐と㋑の身分を書きましょう。（各６点）

㋐（　　　　）　㋑（　　　　）

(2) 次の文にあう身分（武士・百姓（ひゃくしょう）・町人）を（　　）に書きましょう。（各６点）

① （　　　　）　主に町に住み、生活に必要な道具を生産したり、商売をしたりした。

② （　　　　）　もっとも人口が多く、田畑で働き、ねんぐを納（おさ）めた。

③ （　　　　）　名字を名のり、刀をさす特権（とっけん）をもっていた。

(3) 次の文で正しいもの１つに○をつけましょう。（10点）

① （　　）このころ百姓、武士などの区別はなく、みな協力していた。

② （　　）このころは男性より女性の方が地位が高かった。

③ （　　）百姓は農具を発明したりして生産を高めていた。

❀　次の絵を見て、あとの問いに答えましょう。

(1)　徳川家光（とくがわいえみつ）の時代に、九州で大きな一揆（いっき）が起こりました。

　　この一揆を何といいますか。○をつけましょう。　　　　　（10点）

①（　　）島原（しまばら）・天草（あまくさ）一揆

②（　　）関ヶ原（せきがはら）の戦い

(2)　なぜ、このような一揆が起こったのですか。正しい文１つに○をつけましょう。
　　　　　　　　　　　　　　　　　　　　　　　　　　　　　　　（10点）

①（　　）大名同士の争いにまきこまれないよう、自分たちの村を守るため。

②（　　）幕府（ばくふ）をたおすため。

③（　　）重いねんぐの取り立てと、キリスト教禁止に反対するため。

(3)　この一揆の中心になったのは、だれですか。□□□から選んで書きましょう。
　　　　　　　　　　　　　　　　　　　　　　　　　　　　　　（20点）

（　　　　　　　　　　）

天草四郎（あまくさしろう）　　徳川家光　　石田三成

✿　次の絵を見て、あとの問いに答えましょう。

(1)　Ⓐの人がふんでいるのは何ですか。

（8点）

（　　　　　　　　）

(2)　(1)は、だれの時代に、何を禁止するために行われていましたか。　（各4点）

① だれ　（　　　　　　　　）

② 何を　（　　　　　　　　）

(3)　(2)・②を禁止したのは、どんなことをおそれたからですか。　（8点）

信者が団結して、（　　　　　　　　　）の命令にそむくこと。

(4)　その後外国との貿易を制限しました。これを何といいますか。

（8点）

（　　　　　　　　）

(5)　(4)以後も貿易を続けられた国は、中国（清）とどこですか。

（8点）

（　　　　　　　　）

鎖国（さこく）　ふみ絵　徳川家光（とくがわいえみつ）　オランダ　キリスト教　幕府（ばくふ）

❀ 百姓は細かいところまで、幕府に制限されていました。
（　　　）にあてはまる言葉を書きましょう。　　　　（各5点）

(1)

百姓への（① 　　　　　　　）

一、（② 　　　　　）は早く起きて草をか
り、昼は田畑を耕し、（③ 　　　　　）
は縄をない、米俵をつくり…

一、酒や（④ 　　　　）を買って飲んでは
いけない

一、あわやひえなどの雑穀を食べ
（⑤ 　　　　　）を多く食べないように

夜　　　米
朝　　　茶
おふれ書き

(2)　ねんぐをきちんと納めさせるために（① 　　　　　　）の制度を
つくり、きまりを破る者がいれば（② 　　　　　　）で責任をとらせ
るようにしました。これは、（③ 　　　　　　）が
百姓を支配しやすくするためでした。

五人組　　幕府　　共同

五人組のしくみ
庄屋（名主）

五人組　　　五人組

40 江戸時代Ⅰ　百姓のくらし②

1　江戸時代の町のようすについて、正しい文2つに○をつけましょう。

（各5点）

① （　　） 町人はお金をもっていたので高い身分とされた。

② （　　） 江戸は政治・商業の両方で日本の中心であった。

③ （　　） 大阪は「天下の台所」とよばれ、全国から米などの物が集まってきた。

④ （　　） 江戸は「将軍のおひざもと」とよばれ、武士と町人をあわせて、人口が100万人にも達した。

⑤ （　　） 大阪を中心に全国へ向かう街道や、物の交流をさかんにする航路が開かれた。

2　次の農具の名前を（　　）に、その説明をしている文の記号を□に　　　から選んで答えましょう。

（各5点）

① 　　　② 　　　③

（　　　　　）□　　（　　　　　）□　　（　　　　　）□

備中ぐわ
とうみ
千歯こき

㋐　土を深く耕す

㋑　もみともみがらに分ける

㋒　稲穂からもみを落とす

江戸時代Ⅰ　町人文化と新しい学問①

月　日

点/40点

❀ 次の文化と関係のあるものを［　］から選んで（　　）に言葉や記号を書きましょう。

（各５点）

	上方（京都・大阪）の町人中心の文化	江戸の町人中心の文化
人物像	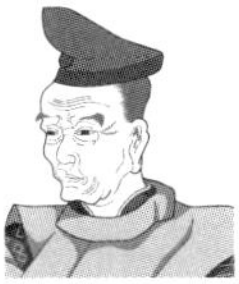	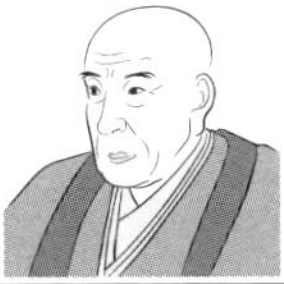
名前	（①　　　）	（②　　　）
文化	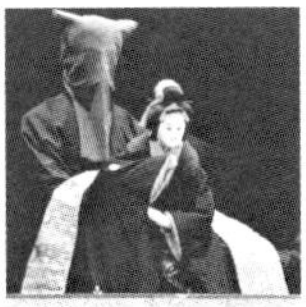 （人形浄瑠璃）	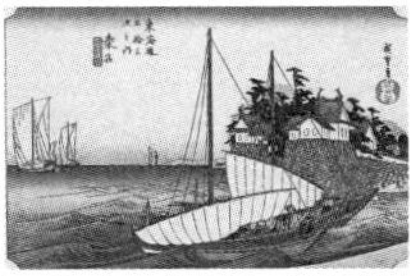 ©山口県立萩美術館・浦上記念館（浮世絵）
内容	（③　　　）	（④　　　）
代表作	（⑤　　　）	（⑥　　　）
特徴	（⑦　　　）	（⑧　　　）

名前	歌川広重　　近松門左衛門
内容	㋐ 役者や宿場町などの風景をえがいた絵 ㋑ 町人の生活や心情を人形と語りで表したもの
代表作	㋐ 東海道五十三次　㋑ 曽根崎心中
特徴	㋐ 商売の町なので、明るくて活気に満ちている。 ㋑ 風景などの版画を楽しむ。

42 江戸時代Ⅰ　町人文化と新しい学問②

月　日

点/40点

✿ 江戸(えど)時代後半の学問について、あとの問いに答えましょう。

(1) (　　)にあてはまる言葉を書きましょう。　(各4点)

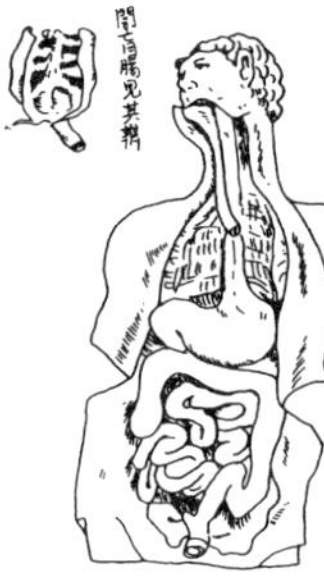

江戸時代には(①　　　　　　)の技術や文化を学ぶ蘭学(らんがく)がさかんになりました。(②　　　　　　)や前野良沢(まえのりょうたく)たちはオランダ語で書かれた人体かいぼう書をほん訳(やく)し、(③　　　　　　)として出版しました。また(④　　　　　　)は、全国を測量して歩き、正確な日本地図をつくりました。

解体新書(かいたいしんしょ)	伊能忠敬(いのうただたか)	オランダ	杉田玄白(すぎたげんぱく)

(2) 次の言葉と関係の深いものを線で結びましょう。　(各8点)

① 国学　・　　　・㋐ 「古事記(こじき)」を研究し、「古事記伝」という書物を完成させた。

② 寺子屋　・　　　・㋑ 百姓(ひゃくしょう)や町人の子どもたちが学ぶところ。

③ 本居宣長(もとおりのりなが)・　　　・㋒ 日本の古典をもとに、古くからの日本人の考え方を明らかにしようとする学問。

※　1853年、黒船が浦賀（神奈川県）にやってきました。あとの
問いに答えましょう。

(各8点)

(1) この船はどこからやってきましたか。

> オランダ　アメリカ　イギリス

（　　　　　　　）

(2) このときの黒船の司令官はだれですか。

> ザビエル　ワシントン　ペリー

（　　　　　　　）

(3) 日本に求めてきたこと３つに○をつけましょう。

㋐（　　） 貿易をおこなうこと。

㋑（　　） 治外法権を認めること。

㋒（　　） アメリカ船に食料や水、石炭をあたえること。

㋓（　　） 難破したアメリカ船の乗員を保護すること。

㋔（　　） 下田と横浜の２港を開港すること。

44 江戸時代Ⅱ　黒船の来航②

月　日

点/40点

✿　1853年、ペリーが浦賀にやってきました。あとの問いに答え
ましょう。

(各10点)

(1)　1854年に幕府が結んだ条約は
何条約ですか。

（　　　　　　　　　　）条約

(2)　(1)の条約の4年後に結んだ条約は
何条約ですか。

（　　　　　　　　　　）条約

(3)　(2)の条約の不平等なところを書きましょう。 (各5点)

①（　　　　　　　　　　）を認める

日本で罪をおかした外国人を、（　　　　　　　）の法律で裁け

ない。

②（　　　　　　　　　　）がない

輸入品に自由に（　　　　　　　）をかけられない。

| 関税自主権 | 治外法権 | 日本 |
| 日米修好通商 | 日米和親 | 税 |

45 江戸時代Ⅱ　武士の時代のおわり①

月　日

点/40点

❀ 次の(　　)にあてはまる言葉を書きましょう。 (各8点)

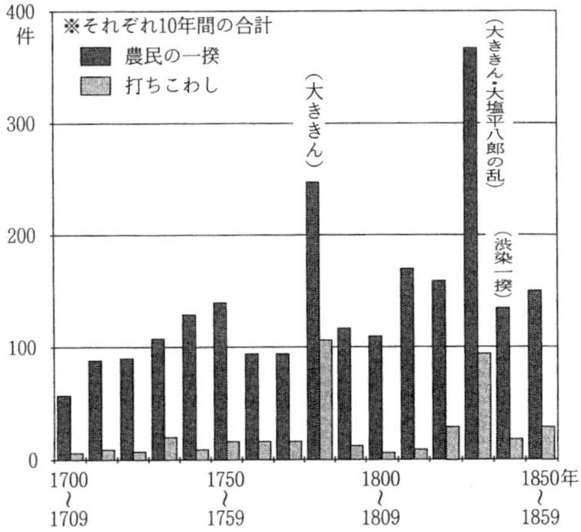

400件
300
200
100
0
※それぞれ10年間の合計
農民の一揆
打ちこわし
(大ききん)
(大ききん・大塩平八郎の乱)
(渋染一揆)
1700〜1709
1750〜1759
1800〜1809
1850年〜1859

一揆と打ちこわしの件数グラフ

(1) 農作物が十分に実らず食物不足になり、うえて苦しむことを(①　　　　)といいます。江戸時代には、何度かあり、人々は生活に苦しみました。

さらに、開国して㋐<u>貿易がはじまる</u>と、日本からは茶や(②　　　　)などが輸出され品不足がおこり、物の値段がはげしく上がりました。そこで、生活に苦しむ人々は、一揆や(③　　　　)を各地でおこし、世直しを求めました。

(2) ㋐は何条約が結ばれたからですか。

日米(　　　　　　　　)条約

(3) (2)の条約で、貿易のときに不利な点は何ですか。

(　　　　　　　　)がないこと。

打ちこわし	生糸	修好通商
関税自主権	ききん	

46 江戸時代Ⅱ　武士の時代のおわり②

月　日

点/40点

✿ 次の文を読んで、あとの問いに答えましょう。

> Ⓐ江戸幕府(えどばくふ)への不満が高まる中、Ⓑ幕府をたおして天皇(てんのう)中心の国家をつくる運動を下級武士が力を合わせておこないました。

(1) Ⓐについて、幕府のもと役人が起こした乱(らん)は何ですか。（10点）

応仁(おうにん)の乱　　島原の乱　　大塩平八郎(おおしおへいはちろう)の乱

（　　　　　　　　）

(2) Ⓑで、活やくした人たちについて書きましょう。（各５点）

① [　　　　] 藩(はん) ←対立していた→ ② [　　　　] 藩

（鹿児島県）

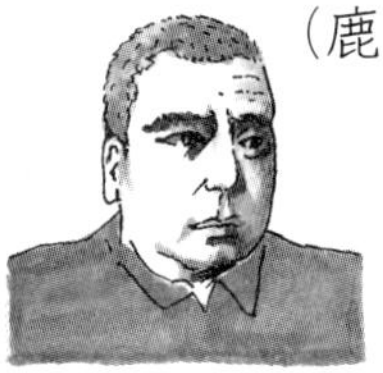

（㋐　　　　　　）

（山口県）

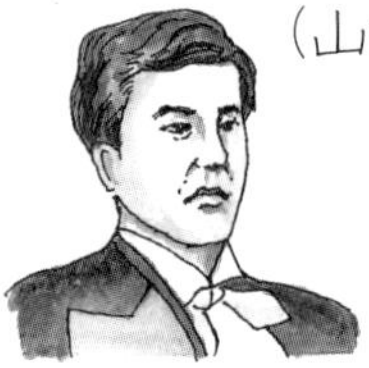

（㋑　　　　　　）

↑ 連合に力をつくす

③ [　　　　] 藩（高知県）

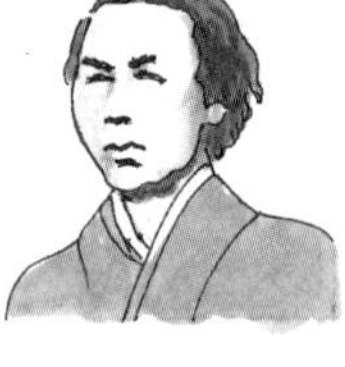

（㋒　　　　　　）

㋐～㋒

- 木戸孝允(きどたかよし)
- 西郷隆盛(さいごうたかもり)
- 坂本龍馬(さかもとりょうま)

①～③

- 長州
- 薩摩(さつま)
- 土佐(とさ)

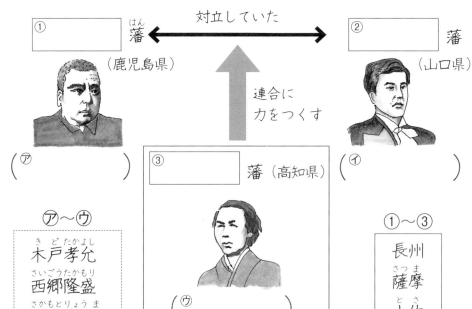

47 明治時代Ⅰ　明治維新①

月　日

点/40点

❀ 次の言葉について、説明している文を線で結びましょう。（各10点）

① 明治維新（いしん）　・	・ ㋐	大名が土地と人々を天皇（てんのう）に返すこと。
② 五か条の御誓文（ごせいもん）　・	・ ㋑	天皇中心の国づくりをめざす、新しい政治や社会の改革（かいかく）。
③ 版籍奉還（はんせきほうかん）　・	・ ㋒	天皇が出した新しい政治の方針（ほうしん）。
④ 廃藩置県（はいはんちけん）　・	・ ㋓	藩を廃止（はいし）して新たに県や府を置いた改革。

五か条の御誓文

一、政治は、広く会議を開いて、多くの人々が意見を述べ合ったうえで決定しよう。

一、国民が心を一つにして、新政策（せいさく）をさかんに行おう。

一、役人も人々も、自分の願いを実現するようにしよう。

一、昔からの悪いならわしをやめて、道理に合うやり方をしよう。

一、新しい知識を世界から学び、天皇中心の国をさかんにしよう。

次のグラフは、それぞれの時代の身分を表しています。
あとの問いに答えましょう。

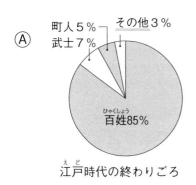

Ⓐ
町人5％
武士7％
その他3％
ひゃくしょう
百姓85％

江戸時代の終わりごろ

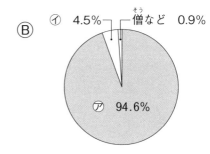

Ⓑ
イ　4.5％
僧など　0.9％
ア　94.6％

明治時代の初めごろ

(1)　Ⓐのその他のうち、厳しく差別されてきた人々は、何という
　　法令によってⒷのⓐになりましたか。（10点）（　　　　　　　）

(2)　Ⓑのⓐ、ⓑの身分を書きましょう。（各6点）

ⓐ（　　　　　　）

ⓑ（　　　　　　）

士族
解放令
平民

(3)　江戸時代の百姓・武士・町人は、Ⓑのⓐ、ⓑのどの身分に
　　なりましたか。記号で答えましょう。（各6点）

①　百姓（　　　）　　　②　武士（　　　）

③　町人（　　　）

✿　次の □ にあてはまる言葉を書きましょう。　　　(各10点)

① _____

(イギリス・アメリカなどに負けない強い国にする)

② _____

(20才以上の男子)

③ _____

(土地の値段（ねだん）が基準　現金で納税（のうぜい）)

④ _____

(近代的な国営の工場)

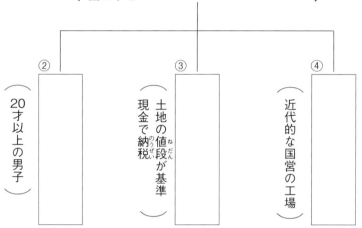

富岡製糸場（とみおかせいしじょう）

富国強兵　　徴兵令（ちょうへいれい）　　地租改正（ちそかいせい）　　官営工場

月　日

点/40点

✿　次の絵を見て、あとの問いに答えましょう。　　　　　　（各8点）

Ⓐ
江戸時代

Ⓑ
明治の初め

(1)　西洋の文化を取り入れたことで、Ⓑのように大きく変わりました。この変化を何といいますか。　　　（　　　　　　　）

(2)　明治の初めごろ、学校制度も定められました。（　　）にあてはまる言葉を書きましょう。
「一定の年齢のすべての子どもに（　　　　　　　）を受けさせる。」

大化の改新　　文明開化　　教育

(3)　明治時代に初めてできたもの3つに○をつけましょう。
①（　　）ガス灯　②（　　）古墳　③（　　）郵便制度
④（　　）寺子屋　⑤（　　）鉄道　⑥（　　）寺院

51 明治時代Ⅰ　自由民権運動①

月　日

点/40点

[1] 次の人物と関係のあることがらを線で結びましょう。（各5点）

① 福沢（ふくざわ）　諭吉（ゆきち）・　　・㋐ 学問のすすめ

② 西郷（さいごう）　隆盛（たかもり）・　　・㋑ 立憲改進党（りっけんかいしんとう）

③ 板垣（いたがき）　退助（たいすけ）・　　・㋒ 初代内閣総理大臣（ないかくそうりだいじん）

④ 大隈（おおくま）　重信（しげのぶ）・　　・㋓ 西南（せいなん）戦争

⑤ 伊藤（いとう）　博文（ひろぶみ）・　　・㋔ 自由党

[2] 次の（　　）にあてはまる言葉を書きましょう。（各5点）

板垣退助は欧米（おうべい）の国々のように、（①　　　　）を制定して、国民の意見による政治をするように主張しました。そして、（②　　　　）を開くことを要求しました。

これが（③　　　　　　）運動のきっかけとなりました。

板垣退助

自由民権（じゆうみんけん）　国会　憲法

52 明治時代Ⅰ　自由民権運動②

月　日

点/40点

1　次のことを行った人物を書きましょう。

（各8点）

① 士族の反乱（はんらん）である西南戦争を率いた。

（　　　　　）

② 欧米（おうべい）のような憲法（けんぽう）の制定と、国会開設を要求した。

（　　　　　）

③ 憲法制定のため、ドイツの憲法を研究した。

（　　　　　）

④ 国会開設に向けて立憲改進党（りっけんかいしんとう）をつくった。

（　　　　　）

西郷隆盛（さいごうたかもり）	大隈重信（おおくましげのぶ）	伊藤博文（いとうひろぶみ）	板垣退助（いたがきたいすけ）

2　次のことがらを起こった順番に並（なら）べましょう。　（8点）

① 大日本帝国（ていこく）憲法の発布。

② 自由民権（じゆうみんけん）運動がさかんに行われた。

③ 士族の反乱、西南戦争が起こった。

④ 政府は国民の声におされ、国会開設を約束した。

（　　　　）→（　　　　）→（　　　　）→（　　　　）

❀　次の図を見て、あとの問いに答えましょう。

(各8点)

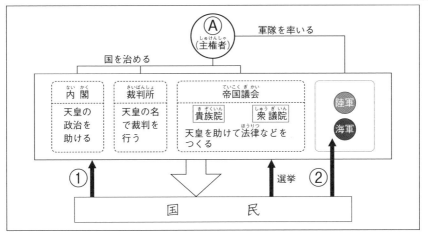

(1) この制度を定めている憲法(けんぽう)を書きましょう。

（　　　　　　　　　）

(2) 図のⒶは、だれのことですか。

（　　　　　）

(3) 選挙する権利(けんり)は、だれにありましたか。

25才以上の（　　　　　）。[一定額以上の税金を納(おさ)めている人。]

(4) 図の①と②にあてはまる、国民の重要な義務を書きましょう。

①（　　　　　）　　②（　　　　　）

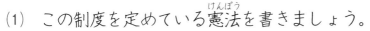

| 天皇(てんのう) | 男子 | 納税(のうぜい) | 大日本帝国憲法(だいにほんていこくけんぽう) | 兵役(へいえき) |

1　次の資料は、1889年に発布された憲法の一部です。
　　①～④にあてはまる言葉を書きましょう。　　　（各5点）

① （　　　　　　　　　）

② （　　　　　　　　　）

③ （　　　　　　　　　）

④ （　　　　　　　　　）

> （①）憲法
> 第1条　日本は永久に続く同じ家系の（②）が治める
> 第2条　天皇は神のように尊いものである
> 第5条　天皇は（③）の協力で法律をつくる
> 第11条　天皇は（④）を統率する

> 議会　　天皇　　陸海軍　　大日本帝国

2　憲法発布の翌年に国会が開かれました。次の文で正しいものには○を、まちがっているものには×をつけましょう。　（各4点）

① （　　） 20才以上の男女が選挙することができた。

② （　　） 選挙権をもつのは25才以上の男子で、一定額の税金を納めた者だけだった。

③ （　　） 議会は二院制で衆議院と参議院があった。

④ （　　） 貴族院は、皇族や華族のほか、天皇が任命する議員で構成されていた。

⑤ （　　） 衆議院の議員だけを国民が選挙で選んだ。

❀　次の絵を見て、あとの問いに答えましょう。

(1)　図のⒶ～Ⓓの国名を書きましょう。　(各4点)

Ⓐ（　　　　　）

Ⓑ（　　　　　）

Ⓒ（　　　　　）

Ⓓ（　　　　　）

(2)　この絵は、1894年に起きた戦争のころについて表しています。何戦争ですか。　(8点)

（　　　　　）戦争

(3)　1895年に結ばれた、(2)の講和条約を何といいますか。　(8点)

（　　　　　）条約

(4)　(3)で、日本は多額のばいしょう金と台湾^{たいわん}とどこを得ましたか。　(8点)

（　　　　　）半島

下関^{しものせき}　　リアオトン　　日清

日本　　中国(清)　　ロシア　　朝鮮^{ちょうせん}

❀　次の図を見て、あとの問いに答えましょう。

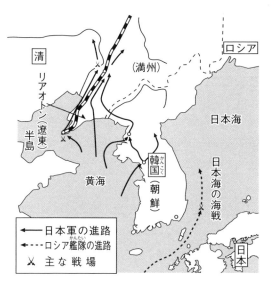

(1)　リアオトン半島は、日清戦争後、どこの国のものとなりましたか。　(10点)

（　　　　　　）

(2)　(1)に反対したのは、どの国ですか。　(10点)

（　　　　　　）

(3)　次の文で、正しい方に○をつけましょう。　(各4点)

　日本は、①(中国・ロシア)と朝鮮をめぐって対立するようになりました。

　1904年ついに、②(日清・日露)戦争が起こりました。しかしどちらも戦争が続けられなくなり、③(アメリカ・イギリス)のなかだちで④(ポーツマス・下関)条約を結びました。この戦争により、日本は⑤(中国・朝鮮)の支配を確立しました。

❀　次の絵を見て、あとの問いに答えましょう。

（各10点）

1886年にイギリスの汽船が和歌山県沖で沈没（ちんぼつ）しました。イギリス人の船長ら乗組員は全員ボートで脱出（だっしゅつ）しましたが、日本人乗客25名は、すべておぼれ死にました。しかし、㋐船長はイギリスの法で、軽いばつを受けただけでした。

(1)　この事件を何といいますか。　　（　　　　　　　　　　　）事件

(2)　㋐になったのは、江戸（えど）時代に結んだ不平等条約が原因です。どんな内容ですか。

（　　　　　　　　　　　　　　）

(3)　(2)を改正するために取り組んだ外務大臣は、だれですか。

（　　　　　　　　　　）

(4)　もう１つある不平等な内容は、何ですか。

（　　　　　　　　　　　）がないこと。

治外法権（ちがいほうけん）　陸奥宗光（むつむねみつ）　ノルマントン号　関税自主権（かんぜいじしゅけん）

✿ 江戸時代にアメリカなどと結んだ通商条約の改正について、あとの問いに答えましょう。

(各8点)

(1) 不平等条約を改正するきっかけになった事件は何ですか。

(　　　　　　　　)事件

(2) (1)の事件がきっかけで、改正しようとした内容と、それに努力した外務大臣を書きましょう。

① 内容　　　　　　　　　② 外務大臣

(　　　　　　　)の廃止　(　　　　　　　)

(3) 日清・日露戦争後に改正された内容と、それに努力した外務大臣を書きましょう。

① 内容　　　　　　　　　② 外務大臣

(　　　　　　　)の回復　(　　　　　　　)

関税自主権　　治外法権　　ノルマントン号

陸奥宗光　　　小村寿太郎

❀　次の文章を読んで、あとの問いに答えましょう。

1885年ごろ、日本の産業は（①　　　　　）などの軽工業が中心でした。その後、（②　　　　　）戦争で得たばいしょう金を使って、北九州に（③　　　　　）製鉄所をつくりました。

すると、造船や機械などの（④　　　　　）が発達し、軍かんや大砲（たいほう）なども国内でつくられるようになりました。

(1)　文中の①～④にあてはまる言葉を、□□□から選んで（　　）に書きましょう。
（各7点）

(2)　産業が発展（はってん）すると、日本初の深刻（しんこく）な公害問題が起こりました。その名前と、それに取り組んだ人の名前を□□□から選んで書きましょう。
（各6点）

©国立国会図書館

　㋐（　　　　　　　　　）鉱毒（こうどく）事件

　㋑人物（　　　　　　　　　）

重工業　　足尾銅山　　生糸　　八幡（やはた）　　日清　　田中正造

60 明治時代Ⅱ　近代文化の発展

月　日

点/40点

[1] 明治の後半、医学の世界ではめざましい発展（はってん）がありました。次のことに関係する人の名前を書きましょう。（各8点）

(1) 破傷風（はしょうふう）の治療（ちりょう）法やペスト菌（きん）を発見した。

（　　　　　　　　）

(2) 赤痢菌（せきりきん）を発見した。

（　　　　　　　　）

(3) アフリカの黄熱病（おうねつびょう）を研究した。

（　　　　　　　　）

©国立国会図書館

志賀潔（しがきよし）　北里柴三郎（きたさとしばさぶろう）　野口英世（のぐちひでよ）

[2] 次のことと関係する人を線で結びましょう。（各4点）

① 「坊（ぼ）っちゃん」　・　　・㋐ 与謝野晶子（よさのあきこ）

② 「君死にたまうことなかれ」　・　　・㋑ 津田梅子（つだうめこ）

③ 短歌や俳句に革新（かくしん）をもたらした①の友人　・　　・㋒ 夏目漱石（なつめそうせき）

④ 女子教育の育成者　・　　・㋓ 正岡子規（まさおかしき）

61 明治時代Ⅱ　まとめ①

1　次の文で、日清戦争に関することには⒜を、日露戦争に関することには⒝を書きましょう。　　　　　　　　　　　　(各5点)

①（　　　）朝鮮の混乱に対して、中国と日本がともに軍隊を送った戦争。

②（　　　）満州・朝鮮の支配をめぐって、ロシアと日本が戦った。

③（　　　）アメリカのなかだちで、ポーツマス条約を結び、樺太（サハリン）の南部などを得る。

④（　　　）下関条約を結び、台湾やリアオトン半島を得る。

⑤（　　　）この戦争で得たばいしょう金の一部で、八幡製鉄所をつくった。

2　次の文で、正しい方に○をつけましょう。　　　　　　(各5点)

> ああおとうとよ　君を泣く
> 君死にたまうことなかれ
> 末に生まれし君なれば
> 親のなさけはまさりしも
> 親は刃をにぎらせて
> 人を殺せとおしえしや
> 人を殺して死ねよとて
> 二十四までをそだてしや

この詩をよんだのは
①（　与謝野晶子・石川啄木　）です。

詩の題名は、
②（　ああ人生・君死にたまうことなかれ　）

で、③（　日清・日露　）戦争のときにつくられました。

62 明治時代Ⅱ　まとめ②

月　日

点/40点

✿ 次の表を見て、（　　）にあてはまる言葉を書きましょう。

（各5点）

年	主なできごと
1886	（①　　　　　）号事件が起こる
1894	不平等条約のうち（②　　　　　）が廃止(はいし)される
	→外務大臣は（③　　　　　）
	（④　　　　　）戦争が始まる
1901	北九州に重工業の官営工場ができる（八幡(やはた)製鉄所）
1904	（⑤　　　　　）戦争が始まる
1910	（⑥　　　　　）を併合(へいごう)する
1911	不平等条約のうち（⑦　　　　　）を回復する
	→外務大臣は（⑧　　　　　）

陸奥 宗光

陸奥宗光(むつむねみつ)　　小村寿太郎(こむらじゅたろう)

日露(にちろ)　　日清

ノルマントン　　関税自主権(じしゅけん)

治外法権　　韓国(かんこく)

小村寿太郎

✿　次の文を読んで、あとの問いに答えましょう。

(各10点)

> 　第一次世界大戦後、日本は不景気になりました。㋐1923年に大きな天災も起こり、社会不安も高まりました。
> 　人々は、自分たちの願いを実現しようと立ち上がりました。社会進出をした㋑女性も、地位の向上のために運動しました。また、㋒差別されてきた人たちも自らの解放に立ち上がりました。
> 　1925年には㋓25才以上の人に選挙権があたえられました。

(1)　㋐の天災は、何ですか。

（　　　　　　　　　　）

(2)　㋑の代表的人物はだれですか。

（　　　　　　　　　　）

(3)　㋒の組織は何ですか。

（　　　　　　　　　　）

(4)　㋓は、だれにあたえられましたか。

（　　　　　　　　　　）

平塚らいてう

全国水平社	平塚らいてう
関東大震災	すべての男子

✿　次のグラフを見て、あとの問いに答えましょう。　　(各10点)

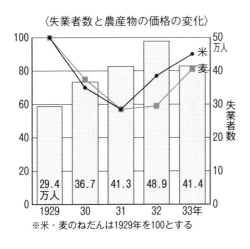

〈失業者数と農産物の価格の変化〉

※米・麦のねだんは1929年を100とする

(1)　米と麦の価格が一番下がった年は、1929年と比べると、何%下がりましたか。

約（　　　　　　　）%

(2)　失業者が最も多かったのは何年で、何万人いましたか。

（　　　　　　　）年

約（　　　　　　　）万人

(3)　このころの生活について、グラフからわかること１つに○をつけましょう。

①（　　　）各地で米の値上がりに反対して、米騒動が起こった。

②（　　　）都市部では景気が良く、働く人たちの賃金も上がった。

③（　　　）1932年まで失業者は増え続けた。

④（　　　）農村では、農作物の値段が上がり、人々の生活はとても楽になった。

65 昭和時代　満州事変①

月　日

点/40点

✿ 次の文章を読んで、あとの問いに答えましょう。((1)と(3)は[　]から選びましょう。)

> 昭和初めの不景気で、人々の生活は行きづまりました。そこで、政治家や(㋐　　　　)は、中国の東北部の(㋑　　　　)に注目しました。
>
> そしてⒶ日本軍は、1931年、南満州鉄道を(㋒　　　　)が爆破(ばくは)したとして、攻撃(こうげき)を始めました。

(1) 文中の㋐～㋒にあてはまる言葉を書きましょう。 (各6点)

(2) なぜ、㋑に注目したのですか。正しい文2つに○をつけましょう。 (各6点)

① (　　) ㋑に、生活に苦しむ農民を移住させるため。

② (　　) ㋑の人々を日本で働かせるため。

③ (　　) 貧しい生活をしている㋑の人々を援助(えんじょ)するため。

④ (　　) ㋑は、石炭や鉄鉱石などの資源(しげん)にめぐまれているため。

(3) Ⓐの事件を何といいますか。 (10点)

(　　　　　　　　)

中国軍	満州事変	軍人	満州

月　日

点/40点

❀　次の地図を見て、あとの問いに答えましょう。　（各8点）

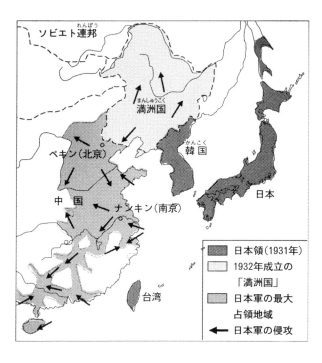

(1)　1910年に併合した国はどこですか。

（　　　　　　　　）

(2)　1931年の事件後、日本が建国したのは何という国ですか。

（　　　　　　　　）

(3)　(2)が建国されたことを、中国はどの組織にうったえましたか。

（　　　　　　　　）

(4)　(3)はどう判断しましたか。また、その結果、日本はどのような行動をとりましたか。正しい方に○をつけましょう。

①　判断
　　(2)の建国を（　認めた　・　認めなかった　）

②　行動
　　(3)の組織（　から脱退した　・　に加入した　）

❀ 次の地図を見て、あとの問いに答えましょう。　　　（各10点）

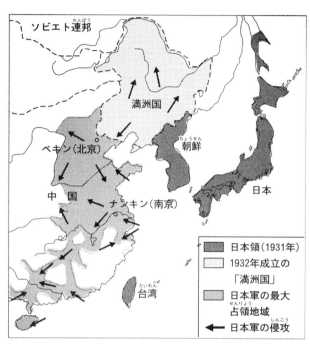

(1) 生活に苦しむ農民を移住させようと建てた国は何といいますか。

（　　　　　　）

(2) 1937年、北京の郊外で日本が戦いを始めたことにより広がった戦争は何ですか。

（　　　　　　）戦争

(3) (2)の戦争の中で日本は、多くの中国人の命をうばい苦しめる事件を起こしました。何といいますか。

（　　　　　　）事件

(4) 日本は、東南アジアの資源を求めて←のように勢力を広げていきました。この資源とは何ですか。

（　　　　　　）

日中　　ナンキン　　石油　　満州国

月　日

点/40点

✿　次の図を見て、（　　　）にあてはまる言葉を書きましょう。(各10点)

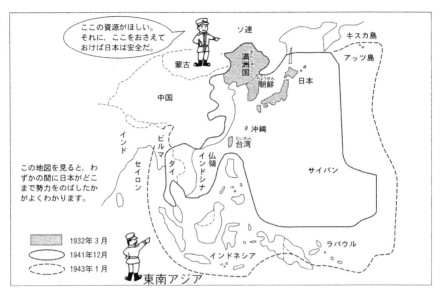

ここの資源がほしい。それに，ここをおさえておけば日本は安全だ。

ソ連　キスカ島　アッツ島

蒙古　満洲国　朝鮮　日本

中国

沖縄

インド　ビルマ　台湾　サイパン

セイロン　タイ　仏領インドシナ

この地図を見ると，わずかの間に日本がどこまで勢力をのばしたかがよくわかります。

1932年3月
1941年12月
1943年1月

ラバウル

インドネシア

東南アジア

　1939年ドイツがイタリアと同盟を結んでイギリスやフランスと戦争を始めました。これを（① 　　　　　　　　　　）といいます。
　日中戦争に行きづまっていた日本は、石油などの資源を手に入れるため（② 　　　　　　　　　　）まで侵略していきました。
　そして1941年、このことに反対する（③ 　　　　　　　　　）やイギリスと（④ 　　　　　　　　　）が始まりました。

太平洋戦争　　　アメリカ
第二次世界大戦　東南アジア

❀　次の表は、太平洋戦争までの日本の動きを表したものです。
あとの問いに答えましょう。

(各7点)

年	で　き　ご　と
1930	世界中に不景気が広がる
1931	（　①　）がおこる
	軍人の発言力が強まる
1932	満州国をつくる
1933	（　②　）を脱退する
1937	（　③　）がはじまる
1939	第二次世界大戦がはじまる
1940	ドイツ・イタリアと同盟を結ぶ
1941	（　④　）がはじまる

(1)　年表の①～④に
あてはまる言葉を
書きましょう。

①	
②	
③	
④	

┄┄┄┄┄┄┄┄┄┄┄┄┄┄┄┄┄┄┄┄┄┄┄┄┄┄
太平洋戦争　日中戦争　満州事変　国際連盟
┄┄┄┄┄┄┄┄┄┄┄┄┄┄┄┄┄┄┄┄┄┄┄┄┄┄

(2)　次の文で、正しいものには○を、まちがっているものには×
をつけましょう。

(各4点)

①（　　）満州の土地や資源がほしくて占領した。

②（　　）アメリカは、日本が石油を求めて東南アジアへ進
出することに賛成だった。

③（　　）満州国の建国は、国際連盟に認められた。

1　日本が、この戦争でおこなったことで、正しい文には〇を、まちがっている文には×をつけましょう。　（各4点）

① （　　）　東南アジアや太平洋の島々を占領した。

② （　　）　占領した地域の人々に米などの食料を送った。

③ （　　）　占領した地域の人々による政治を大切にした。

④ （　　）　占領地では、資源や食料をうばいとった。

2　戦争が激しくなったころ、朝鮮の人々にしたことについて、（　　）にあてはまる言葉を書きましょう。　（各6点）

日本に連れてきて、つらくて危険な（① 　　　　　）や工場で働かせました。

さらに、日本人と同じようにするために、名前を（② 　　　　　）に改めさせたり、（③ 　　　　　）教育を強制させたりしました。

また、日本軍の（④ 　　　　　）として、戦地に送りました。

日本語　　兵士　　鉱山　　日本名

71 昭和時代　戦争中の人々の生活①

月　日

点/40点

[1] 戦争をするために、次のような法律（ほうりつ）ができました。あとの問いに答えましょう。　（各6点）

「戦争のために、㋐すべての（　　　　）と㋑すべてのものは使うことができる。」

(1) 文中の（　　）にあてはまる言葉を［　］から選んで書きましょう。

動物	ねがい	国民

(2) 次の文は、㋐と㋑のどちらに関係していますか。

① （　　）　20才になると男子は戦場に行かされた。

② （　　）　お米は、自由に買えないので国から配られた。

③ （　　）　鉄でできたものはすべて集められた。

④ （　　）　中学生や女学生は工場で働かされた。

[2] 戦争中は、国民の考えを一つにするために、いろいろなスローガンがつくられました。次のⒶには同じ言葉が入ります。（　　）に書きましょう。　（10点）

「［　Ⓐ　］は敵（てき）だ」

「戦地をしのんでやめろ［　Ⓐ　］」

（　　　　　　）

72 昭和時代　戦争中の人々の生活②

月　日

点/40点

[1] 次の絵について、説明している文を線で結びましょう。(各８点)

①

働く小学生

・　　・㋐ 空しゅうの危険から小学生を守るため、田舎にそかいさせた。

②

衣料切符

通商産業省

・　　・㋑ 食料や日用品などは配給制になり、切符がないと買えなかった。

③ 父母とわかれる。

・　　・㋒ 小学生も木炭を集めたり、戦争のために働いた。

[2] 次の文で正しいもの２つに○をつけましょう。(各８点)

①（　　）大学生も、不足した兵力を補うために、学徒出陣で戦場に送られた。

②（　　）田舎に集団そかいをして、みんなで生活すると、おなかいっぱい食べられて楽しくて、家に帰りたくなかった。

③（　　）女性やお年寄りも、残された家を守るため、バケツリレーなどの消火訓練や防空訓練をしていた。

④（　　）この戦争は「おかしい」と思っている人は、いつでも、どこでも「戦争反対」と言っていた。

✿　次の文を読んで、あとの問いに答えましょう。　　　　(各5点)

　1944年に㋐太平洋の島々を占領すると、日本への攻撃は激しくなり、1945年4月には、日本国内で㋑ただ1つの地上戦が行われました。

　8月に入ると㋒人類史上初めての兵器が㋓6日と9日に投下されました。

　その後、日本はポツダム宣言を受け入れ、戦争は終わりました。

---

(1)　㋐をしたのは、どの国ですか。

（　　　　　　　　）

(2)　㋒を何といいますか。

（　　　　　　　　）

(3)　㋑と㋓の地名を書き、場所は地図から選んで記号で答えましょう。

		地名	場所
㋑		県	
㋓	6日	市	
	9日	市	

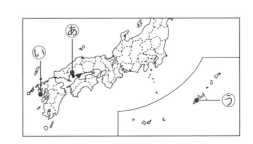

月　日

点/40点

1　次の文で、沖縄戦のことには Ⓐ を、原子爆弾(ばくだん)のことには Ⓑ
を書きましょう。

(各5点)

①（　　）6日に広島、9日に長崎に投下され、2都市で30
万人以上の人々がぎせいになった。

②（　　）太平洋戦争で、日本国内でのただ1つの地上戦が
行われた。

③（　　）放射能(ほうしゃのう)のえいきょうで、今なお病気で苦しんでい
る人がいる。

④（　　）男子中学生は武器をもち、女子生徒は看護師(かんごし)とし
て戦った。

⑤（　　）これ以後、長い間アメリカに占領(せんりょう)された。

2　次の表を見て、あとの問いに答えましょう。

(各5点)

国・地域(ちいき)	戦争でなくなった人の数
中　　国	約1000万人
東南アジア	約890万人
朝(ちょう)　鮮(せん)	約20万人
日　　本	約310万人 (一般市民(いっぱん)約80万人)

(1) 表の中で一番なくなった人
の数が多い国はどこですか。

（　　　　　　　）

(2) 日本以外のアジア全体で、
約何万人の人がなくなりまし
たか。

約（　　　　　　）万人

(3) 日本の一般市民の死者数は、日本全体の死者数の約何分の1
ですか。

約（　　　　　　）

75 昭和時代　民主的な社会をめざして

月　日

点/40点

[1]　次の(　　)にあてはまる言葉を書きましょう。　(各5点)

敗戦後、日本は(①　　　　)を中心とする連合国に占領(せんりょう)されました。そしてその指導のもと(②　　　　)的な国づくりの第一歩として(③　　　　)が定められました。ここでは、二度と(④　　　　)はしないこと、戦争のための(⑤　　　　)はもたないことなどが定められています。このことから平和憲法とよばれています。

アメリカ　　戦力　　日本国憲法(けんぽう)　　民主　　戦争

[2]　[1]・③の3原則を書きましょう。　(各5点)

㋐(　　　　)主権(しゅけん)…国民が政治の主人公。

㋑(　　　　)の尊重(そんちょう)…人間らしく生きる権利。

㋒(　　　　)主義…戦争で国どうしの争いを解決しない。

平和　　国民　　基本的人権

✿　戦後、日本の産業が発展しました。このことについて、あとの問いに答えましょう。

(1)　1960年代、経済が急速に発展したことを何といいますか。

（5点）

（　　　　　　　　　）成長

(2)　(1)のころ「三種の神器」といわれた電化製品は何ですか。

（各5点）

（　　　　　　）（　　　　　　　）

（　　　　　　）

(3)　戦後、19年しかたっていない日本が、1964年に開いたスポーツの祭典は何ですか。

（4点）

（　　　　　　　　　）

(4)　(1)のとき発生した四大公害病の場所を記号で答えましょう。

（各4点）

公害病の名前	記号
新潟水俣病	
水俣病〔熊本県〕	
四日市ぜんそく〔三重県〕	
イタイイタイ病〔富山県〕	

✿　次の年表を見て、あとの問いに答えましょう。 (各5点)

年	できごと
1945	Ⓐ国際連合設立
1951	（①）平和条約
1956	ソ連（現ロシア）と国交回復
1964	東京（②）開催
1972	（③）が日本に復帰
1995	阪神・淡路大震災
2011	（④）大震災

(1)　表の①〜④にあてはまる言葉を □ から選んで書きましょう。

①（　　　　　　　）

②（　　　　　　　）

③（　　　　　　　）

④（　　　　　　　）

沖縄　　東日本　　サンフランシスコ　　オリンピック

(2)　①の条約のとき、同時に結ばれた条約に○をつけましょう。

（　　）日米安全保障条約　　　（　　）日米和親条約

(3)　①の条約で、今大きな問題になっているのは何ですか。

（　　　　　　　　　）のアメリカ軍基地

(4)　日本は、どの国と国交が回復したことでⒶへの加入が認められたのですか。

（　　　　　　　）

(5)　③が日本に復帰した年に、日本はどの国と国交が正常化しましたか。

（　　　　　　　）

月　日

点/40点

🌸　次の地図を見て、あとの問いに答えましょう。

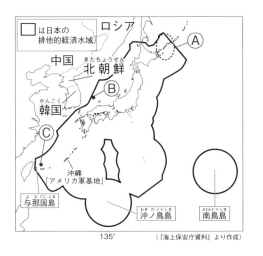

□は日本の排他的経済水域

ロシア
中国
北朝鮮
きたちょうせん
Ⓐ
Ⓑ
韓国
かんこく
Ⓒ
沖縄「アメリカ軍基地」
与那国島
よなぐにじま
沖ノ鳥島
おきのとりしま
南鳥島
みなみとりしま

135°　　　（『海上保安庁資料』より作成）

(1)　次の島々は、日本の固有の領土でありながら、問題となっています。表を完成させましょう。　（各2点）

島々	国	記号
せん閣諸島 かくしょとう		
北方領土		
竹　島		

(2)　(1)の問題で、平和条約が結ばれていない国は、どこですか。
（8点）

（　　　　　　　　　　　）

(3)　日本の周りで、まだ国交が回復できていない国を書きましょう。
（10点）

（　　　　　　　　　　　）

(4)　日本の排他的経済水域に大きくかかわっているのは、南鳥島とどこですか。
はいたてきけいざいすいいき
（10点）

（　　　　　　　　　）島

✿　次の（　　　）にあてはまる言葉を書きましょう。　　　　（各5点）

(1) アメリカ合衆国は日本ともっともつながりの深い国です。

面積は日本の約（①　　　　　　）倍で、人口は約（②　　　　　　）億人

です。貿易が盛んで、日本からは（③　　　　　　）などの機械類

を多く輸出し、（④　　　　　　）やグレープフルーツなどの農産物

を輸入しています。また、映画や（⑤　　　　　　）

など文化のつながりも多くあります。

25	3	小麦	野球	自動車

(2) ブラジル連邦共和国には明治時代から多くの日本人が仕事

を求めて（①　　　　　　）し、現在もその子孫が約140万人くらし

ています。大農業国で（②　　　　　　）やとうもろこしが有

名です。また、（③　　　　　　）が人気で日本にもたくさんの

選手が来ています。

移住	サッカー	コーヒー豆

✿ 次の( )にあてはまる言葉を書きましょう。 (各5点)

(1) 中国の正式名称は(①) です。人口は約

(②) 億人で世界一です。そのため、習慣や(③)

が異なる民族が住んでいます。

中国と日本は昔から交流があります。現在では、日本の

(④) 相手国第1位です。

日本は、韓国とも古くからつながりがあります。例えば

(⑤) は朝鮮半島からの影響を強く受けていま

す。現在も、おたがいに文化を取り入れています。

> 14 貿易 中華人民共和国 焼き物 言語

(2) サウジアラビアは国土のほとんどが

(①) です。

国の宗教は、(②) で

コーランの教えに従って生活します。

主な輸出品は(③) です。

サウジアラビアへの輸出

その他 21.3
自動車 56.1%
約4541億円
鉄鋼 8.3
機械類 14.3

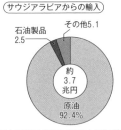

サウジアラビアからの輸入

石油製品 2.5
その他 5.1
約3.7兆円
原油 92.4%

> 石油 砂ばく イスラム教

(日本国勢図会2019/20より作成)

81 世界の国と日本③

✿　次の地図を見て、㋐〜㋔の国名を [____] から選んで書きましょう。

(各8点)

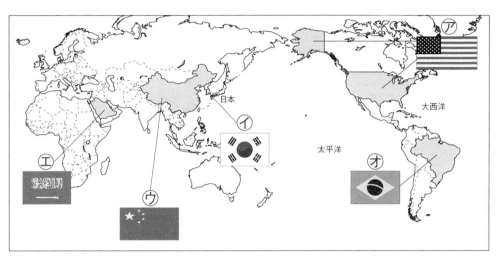

㋐		㋑	
㋒		㋓	
㋔			

アメリカ合衆国（がっしゅうこく）　　中華人民共和国（ちゅうかじんみんきょうわこく）　　大韓民国（だいかんみんこく）
ブラジル連邦共和国（れんぽう）　　サウジアラビア

82 世界の国と日本④

月　日

点/40点

次の絵を見て、あとの問いに答えましょう。

㋐

㋑

㋒

㋓

(1)　㋐～㋓の絵に関係する国名を書きましょう。　(各6点)

㋐		㋑	
㋒		㋓	

アメリカ合衆国(がっしゅうこく)　中華人民共和国(ちゅうかじんみんきょうわこく)
大韓民国(だいかんみんこく)　ブラジル連邦(れんぽう)共和国

(2)　次のことがらは㋐～㋓のどの国のことですか。(　　)に記号で答えましょう。　(各4点)

①　(　　)　南半球の国。コーヒー栽培(さいばい)がさかん。

②　(　　)　世界の大国。軍事力・経済力(けいざいりょく)とも世界一。

③　(　　)　世界一の人口の国。日本に漢字を伝えた。

④　(　　)　ハングル文字を使う。キムチなどが有名。

83 国際連合

月　日

点/40点

次の文章を読んで、あとの問いに答えましょう。

1945年、第二次世界大戦後、世界の（　㋐　）を守るために、（　㋑　）が設立されました。

この組織は、すべての国を（　㋒　）にあつかい、自由と（　㋓　）を尊重(そんちょう)しています。

▲国連本部（ニューヨーク）

(1) 文中の㋐～㋓にあてはまる言葉を書きましょう。（各6点）

㋐		㋑	
㋒		㋓	

平等　平和　人権(じんけん)　国際連合　国際連盟(れんめい)

(2) ㋑の機関について、関係するものを書きましょう。（各8点）

① 紛争(ふんそう)や戦争を話し合いで解決する。

（　　　　　　　　）

② 子どもを戦争や貧困(ひんこん)から守る。

（　　　　　　　　）

ユネスコ　ユニセフ　安全保障(ほしょう)理事会

84 地球環境とSDGs

✿　次の文章を読んで、あとの問いに答えましょう。

(1)　（　　）にあてはまる言葉を書きましょう。　　　　　　　（各4点）

　　地球は今、（①　　　　　　　　）
の影響による（②　　　　　　　）や
干ばつなど、多くの問題をかかえて
います。また、①によって南極など
の氷がとけて（③　　　　　　）が上昇
し、島がしずむおそれもあります。

┌─────────────────┐
│　海面　　　ごう雨　│
│　地球温暖化　　　　│
└─────────────────┘

(2)　(1)のような問題に対する国際連合の取り組みについて、
　　（　　）にあてはまる言葉を書きましょう。　　　　　　　（各7点）

　　2015年に採択された（①　　　　　　　　　　）は、世界から
（②　　　　　　　　　）をなくすことや
（③　　　　　　　　　）の悪化
への取り組みなど、17項目の目標
をかかげ、（④　　　　　　　　　）な
社会をめざして協力していくため
のものです。

SUSTAINABLE
DEVELOPMENT **GⓄALS**

┌────────────────────────────────────┐
│　持続可能　　貧困　　地球かん境　　SDGs　│
└────────────────────────────────────┘

答え

① わたしたちの生活と政治　日本国憲法①

(1) ① 政府　　　② 戦争
　　③ 平和　　　④ 戦力
(2) Ⓐ 国民　　　Ⓑ 平和
　　Ⓒ 基本的人権
(3) ① Ⓑ　　　　② Ⓐ
　　③ Ⓒ

② わたしたちの生活と政治　日本国憲法②

1 ① 国民　　　② 選挙
　　③ 代表者　　④ 民主政治
2 ① 男女　　　② 働く
　　③ 学問　　　④ 信教
　　⑤ 生命・身体　⑥ 生存

③ わたしたちの生活と政治　国会

(1) ① 衆議　　　② 参議
　　③ 4　　　　④ 6
　　⑤ なし
(2) ① 法律　　　② 立法
　　③ 予算

④ わたしたちの生活と政治　内閣

(1) ① 法律　　　② 予算
　　③ 行政　　　④ 政府
　　（①②順不同）
(2) ① 内閣総理大臣　② 国会
　　③ 国務大臣
(3) ① 財務　　　② 外務
　　③ 文部科学

⑤ わたしたちの生活と政治　裁判所

(1) 最高裁判所
(2) ① 憲法　　　② 司法
　　③ 三審制　　④ 国会
　　⑤ 内閣

⑥ わたしたちの生活と政治　三権分立

(1) ㋐ 立法　　　㋑ 行政
　　㋒ 司法
(2) 三権分立
(3) Ⓐ 国民
　　㋐ 選挙　　　㋑ 世論
　　㋒ 国民審査

7 わたしたちの生活と政治　地方自治

1 ① 地方自治　② 住民の願い
③ 長　④ 議員
⑤ 選挙
（③④順不同）

2 ① 市民　② 市議会
③ 市役所

8 わたしたちの生活と政治　自然災害からの復興

(1) 災害対策
(2) ① 被害　② ひ難所
③ 食料　④ 救出
⑤ ボランティアセンター

9 縄文時代

1 (1) ㋐ 矢じり　㋑ つりばり
㋒ 縄文
(2) ① けもの　② 木の実
③ たて穴

2 三内丸山

10 弥生時代　米づくり

(1) ㋑
(2) ① 弥生　② 高床
③ 定住

11 弥生～古墳時代　国の統一へ①

1 (1) 吉野ヶ里
(2) ㋐ 物見やぐら　㋑ ほり
㋒ さく

2 (1) ① 邪馬台国　② 卑弥呼
(2) うらない

12 弥生～古墳時代　国の統一へ②

(1) 王
(2) ① 大仙　② 前方後円墳
(3) 大和朝廷
(4) 渡来人
(5) ②、③

13 飛鳥・奈良時代　聖徳太子の政治

(1) 天皇
(2) 十七条の憲法
(3) 冠位十二階
(4) 法隆寺

14 飛鳥・奈良時代　大化の改新

(1) ① 中大兄皇子　② 中臣鎌足
③ 中国　④ 大化の改新
（①②順不同）
(2) ① 国　② 租
③ 庸　④ 調

15 飛鳥・奈良時代　奈良の都①

[1]　①　平城京　②　唐

[2]　(1)　聖武

(2)　東大寺

(3)　国分寺

16 飛鳥・奈良時代　奈良の都②

[1]　①　Ⓐ　②　Ⓑ

③　Ⓑ　④　Ⓐ

[2]　(1)　㋐　行基　㋑　鑑真

(2)　唐招提寺

17 平安時代　貴族のくらし①

[1]　①　平城京　②　平安京

③　貴族　④　藤原

⑤　寝殿造

[2]　(1)　藤原道長

(2)　②

18 平安時代　貴族のくらし②

[1]　②

[2]　①　○　②　○

③　×　④　○

⑤　×

19 平安時代　日本風文化の発達

(1)　①　かたかな　②　ひらがな

(2)　ひらがな

(3)

①	枕草子	清少納言
②	源氏物語	紫式部

20 平安時代　武士のおこり

(1)　武士

(2)　源氏

(3)　平清盛

(4)　源頼朝

(5)　源義経

21 鎌倉時代　源頼朝と幕府①

[1]　(1)　①　源頼朝　②　征夷大将軍

③　鎌倉

(2)　①　守護　②　地頭

[2]　①　御恩　②　御家人

③　将軍　④　奉公

22 鎌倉時代　源頼朝と幕府②

[1]　①　平清盛　②　源頼朝

③　源義経　④　征夷大将軍

[2]　②

[3]　①　将軍　②　御恩

③　奉公　④　御家人

23 鎌倉時代　元との戦い①

[1]　(1)　元

(2)　北条時宗

(3)　御家人

[2]　(1)　①

(2)　②

24 鎌倉時代　元との戦い②

(1) 元

(2) 北条時宗

(3) Ⓐ ㋑、㋔　（順不同）

　 Ⓑ ㋐、㋒、㋓　（順不同）

(4) ②

25 室町時代　足利義満と義政①

[1] ① 室町　② 足利義満

　 ③ 応仁の乱　④ 足利義政

[2] ① 明　② 義満

　 ③ 銅銭　④ 書院造

26 室町時代　足利義満と義政②

Ⓐ	金閣	足利義満	3代	㋐	㋒
Ⓑ	銀閣	足利義政	8代	㋑	㋓

27 室町時代　今に残る室町文化①

[1] (1) 書院造

　 (2) [あ] しょうじ　[い] たたみ

　　 [う] ふすま

　 (3) ㋐ 水ぼく画　㋑ 雪舟

[2] ① 能　② 中国

　 ③ 石や砂

28 室町時代　今に残る室町文化②

[1] ㋐ 生け花　㋑ 茶の湯

　 ㋒ 石庭　㋒ 能

[2] ① 牛　② くわ

　 ③ 肥料　④ 二毛作

29 安土・桃山時代　天下統一　織田信長

(1) ① 織田信長　② 今川義元

　 ③ 室町幕府　④ 鉄砲

(2) ① 堺　② 安土

　 ③ 楽市楽座　④ 本能寺

30 安土・桃山時代　天下統一　豊臣秀吉

(1) ① 豊臣秀吉　② 本能寺の変

　 ③ 大阪城

(2) ① 検地　② 刀狩

　 ③ 身分

(3) ① 朝鮮　② 豊臣氏

31 安土・桃山時代　天下統一　徳川家康

[1] ① 徳川家康　② 関ヶ原

　 ③ 征夷大将軍　④ 江戸

　 ⑤ 豊臣氏

[2] ① 豊臣秀吉　② 徳川家康

　 ③ 織田信長

32 安土・桃山時代　天下統一　三人のまとめ

①－㋐、㋓、㋖

②－㋑、㋔、㋗

③－㋒、㋕

33 江戸時代Ⅰ　徳川家康と幕府

(1)　江戸

(2)　武家諸法度

(3)　①　親藩　　②　譜代

③　外様　　④　近い地

⑤　関ヶ原の戦い　　⑥　遠い地

34 江戸時代Ⅰ　徳川家光の政治

(1)　㋐

(2)　徳川家光

(3)　①、③

35 江戸時代Ⅰ　身分制度①

㋐　百姓　　㋑　武士

㋒　町人

①　農村　　②　ねんぐ

③　名字　　④　刀

⑤　商人

36 江戸時代Ⅰ　身分制度②

(1)　㋐　百姓　　㋑　武士

(2)　①　町人　　②　百姓

③　武士

(3)　③

37 江戸時代Ⅰ　キリスト教の禁止と鎖国①

(1)　①

(2)　③

(3)　天草四郎

38 江戸時代Ⅰ　キリスト教の禁止と鎖国②

(1)　ふみ絵

(2)　①　徳川家光　　②　キリスト教

(3)　幕府

(4)　鎖国

(5)　オランダ

39 江戸時代Ⅰ　百姓のくらし①

(1)　①　おふれ書き　　②　朝

③　夜　　④　茶

⑤　米

(2)　①　五人組　　②　共同

③　幕府

40 江戸時代Ⅰ　百姓のくらし②

[1]　③、④

[2]　①　千歯こき・㋒

②　備中ぐわ・㋐

③　とうみ・㋑

41 江戸時代Ⅰ　町人文化と新しい学問①

①　近松門左衛門　　②　歌川広重

③　㋑　　④　㋐

⑤　㋑　　⑥　㋐

⑦　㋐　　⑧　㋑

42 江戸時代Ⅰ　町人文化と新しい学問②

(1) ① オランダ　② 杉田玄白
③ 解体新書　④ 伊能忠敬

(2) ① ㋒　② ㋑
③ ㋐

43 江戸時代Ⅱ　黒船の来航①

(1) アメリカ

(2) ペリー

(3) ㋐、㋒、㋓

44 江戸時代Ⅱ　黒船の来航②

(1) 日米和親

(2) 日本修好通商

(3) ① 治外法権、日本
② 関税自主権、税

45 江戸時代Ⅱ　武士の時代のおわり①

(1) ① ききん　② 生糸
③ 打ちこわし

(2) 修好通商

(3) 関税自主権

46 江戸時代Ⅱ　武士の時代のおわり②

(1) 大塩平八郎の乱

(2) ① 薩摩　② 長州
③ 土佐
㋐ 西郷隆盛　㋑ 木戸孝允
㋒ 坂本龍馬

47 明治時代Ⅰ　明治維新①

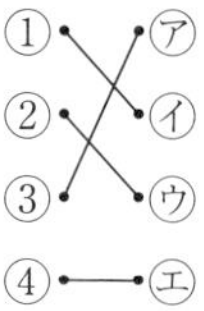

①—㋑
②—㋒
③—㋐
④—㋓

48 明治時代Ⅰ　明治維新②

(1) 解放令

(2) ㋐ 平民　㋑ 士族

(3) ① ㋐　② ㋑
③ ㋐

49 明治時代Ⅰ　富国強兵

① 富国強兵　② 徴兵令
③ 地租改正　④ 官営工場

50 明治時代Ⅰ　文明開化

(1) 文明開化

(2) 教育

(3) ①、③、⑤

51 明治時代Ⅰ　自由民権運動①

[1] ①—㋐
②—㋓
③—㋔
④—㋑
⑤—㋒

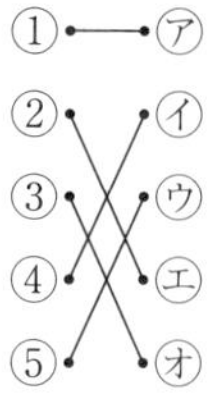

[2] ① 憲法　② 国会
③ 自由民権

52 明治時代Ⅰ　自由民権運動②

1. ① 西郷隆盛　② 板垣退助
   ③ 伊藤博文　④ 大隈重信
2. ③→②→④→①

53 明治時代Ⅰ　大日本帝国憲法と国会①

(1) 大日本帝国憲法
(2) 天皇
(3) 男子
(4) ① 納税　② 兵役

54 明治時代Ⅰ　大日本帝国憲法と国会②

1. ① 大日本帝国　② 天皇
   ③ 議会　　　　④ 陸海軍
2. ① ×　② ○
   ③ ×　④ ○
   ⑤ ○

55 明治時代Ⅱ　日清戦争

(1) Ⓐ 中国（清）　Ⓑ 日本
    Ⓒ 朝鮮　　　　Ⓓ ロシア
(2) 日清
(3) 下関
(4) リアオトン

56 明治時代Ⅱ　日露戦争

(1) 日本
(2) ロシア
(3) ① ロシア　② 日露
    ③ アメリカ　④ ポーツマス
    ⑤ 朝鮮

57 明治時代Ⅱ　条約改正への道①

(1) ノルマントン号
(2) 治外法権
(3) 陸奥宗光
(4) 関税自主権

58 明治時代Ⅱ　条約改正への道②

(1) ノルマントン号
(2) ① 治外法権　② 陸奥宗光
(3) ① 関税自主権　② 小村寿太郎

59 明治時代Ⅱ　近代工業の発達と公害

(1) ① 生糸　② 日清
    ③ 八幡　④ 重工業
(2) ㋐ 足尾銅山
    ㋑ 田中正造

60 明治時代Ⅱ　近代文化の発展

[1] (1) 北里柴三郎

(2) 志賀潔

(3) 野口英世

[2] ① — ㋒

② — ㋐

③ — ㋓

④ — ㋑

61 明治時代Ⅱ　まとめ①

[1] ① Ⓐ　② Ⓑ

③ Ⓑ　④ Ⓐ

⑤ Ⓐ

[2] ① 与謝野晶子

② 君死にたまうことなかれ

③ 日露

62 明治時代Ⅱ　まとめ②

① ノルマントン　② 治外法権

③ 陸奥宗光　④ 日清

⑤ 日露　⑥ 韓国

⑦ 関税自主権　⑧ 小村寿太郎

63 大正～昭和時代　大正時代を生きた人々

(1) 関東大震災

(2) 平塚らいてう

(3) 全国水平社

(4) すべての男子

64 大正～昭和時代　不景気と人々のくらし

(1) 40

(2) 1932、50（49も可）

(3) ③

65 昭和時代　満州事変①

(1) ㋐ 軍人　㋑ 満州

㋒ 中国軍

(2) ①、④

(3) 満州事変

66 昭和時代　満州事変②

(1) 韓国

(2) 満州国

(3) 国際連盟

(4) ① 認めなかった

② から脱退した

67 昭和時代　日中戦争

(1) 満州国

(2) 日中

(3) ナンキン

(4) 石油

68 昭和時代　日中戦争から太平洋戦争へ

① 第二次世界大戦　② 東南アジア

③ アメリカ　④ 太平洋戦争

69 昭和時代　太平洋戦争①

(1) ① 満州事変　② 国際連盟
③ 日中戦争　④ 太平洋戦争

(2) ① ○　② ×
③ ×

70 昭和時代　太平洋戦争②

[1] ① ○　② ×
③ ×　④ ○

[2] ① 鉱山　② 日本名
③ 日本語　④ 兵士

71 昭和時代　戦争中の人々の生活①

[1] (1) 国民
(2) ① ㋐　② ㋑
③ ㋑　④ ㋐

[2] ぜいたく

72 昭和時代　戦争中の人々の生活②

[1] ①—㋒
②—㋑
③—㋐

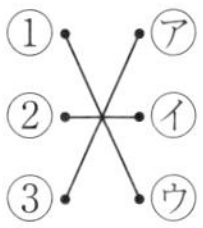

[2] ①、③

73 昭和時代　原子爆弾と終戦

(1) アメリカ

(2) 原子爆弾

(3)

<table>
<tr><td colspan="2">㋑</td><td>沖縄県</td><td>[う]</td></tr>
<tr><td rowspan="2">㋓</td><td>6日</td><td>広島市</td><td>[あ]</td></tr>
<tr><td>9日</td><td>長崎市</td><td>[い]</td></tr>
</table>

74 昭和時代　太平洋戦争とアジア

[1] ① Ⓑ　② Ⓐ
③ Ⓑ　④ Ⓐ
⑤ Ⓐ

[2] (1) 中国
(2) 2000
(3) 4分の1

75 昭和時代　民主的な社会をめざして

[1] ① アメリカ　② 民主
③ 日本国憲法　④ 戦争
⑤ 戦力

[2] ㋐ 国民　㋑ 基本的人権
㋒ 平和

76 昭和時代　経済成長と公害

(1) 高度経済

(2) 白黒テレビ、冷ぞう庫、洗たく機（順不同）

(3) オリンピック

(4) ㋐、㋓、㋒、㋑

77 これからの日本　平和と国際社会の中で①

(1) ① サンフランシスコ
② オリンピック
③ 沖縄　④東日本

(2) 日米安全保障条約

(3) 沖縄

(4) ソ連（ロシア）

(5) 中国

78 これからの日本　平和と国際社会の中で②

(1)

中国	[C]
ロシア	[A]
韓国	[B]

(2) ロシア

(3) 北朝鮮

(4) 沖ノ鳥

79 世界の国と日本①

(1) ① 25　② 3
③ 自動車　④ 小麦
⑤ 野球

(2) ① 移住　② コーヒー豆
③ サッカー

80 世界の国と日本②

(1) ① 中華人民共和国　② 14
③ 言語　④ 貿易
⑤ 焼き物

(2) ① 砂ばく　② イスラム教
③ 石油

81 世界の国と日本③

㋐ アメリカ合衆国

㋑ 大韓民国

㋒ 中華人民共和国

㋓ サウジアラビア

㋔ ブラジル連邦共和国

82 世界の国と日本④

(1) ㋐ アメリカ合衆国
㋑ ブラジル連邦共和国
㋒ 大韓民国
㋓ 中華人民共和国

(2) ① ㋑　② ㋐
③ ㋓　④ ㋒

83 国際連合

(1) ㋐ 平和　㋑ 国際連合
㋒ 平等　㋓ 人権

(2) ① 安全保障理事会
② ユニセフ

84 地球環境とSDGs

(1) ① 地球温暖化　② ごう雨
③ 海面

(2) ① SDGs　② 貧困
③ 地球かん境　④ 持続可能